Der letzte Tanz

Ostfrieslandkrimi von Moa Graven

Impressum
Der letzte Tanz - Ein Fall für Eva Sturm auf Langeoog - Band 11
Ostfrieslandkrimi von Moa Graven
Alle Rechte am Werk liegen bei der Autorin
Erschienen im Criminal-kick-Verlag Leer (Ostfriesland)
Juli 2017
ISBN 978-3-946868-14-9
Umschlaggestaltung: Moa Graven

Zum Inhalt

Thorsten Magolf hat seine Frau durch eine tückische Krankheit verloren und lebt jetzt mit seinem Sohn Bastian alleine. Er entschließt sich zu einem Kuraufenthalt auf Langeoog. Nicht zuletzt, damit auch sein Sohn auf andere Gedanken kommt.
Ähnlich geht es Annika mit ihrer kleinen Tochter Anna. Sie ist alleinerziehend und ihr Leben hat sich grundlegend verändert, seitdem sie Mutter geworden ist. Auch sie entschließt sich zu einer Kur auf der ostfriesischen Insel. Doch gleich nach ihrer Ankunft erlebt sie einen herben Schock. In ihrem Bett liegt eine Hand.
Schnell ist Eva zur Stelle, um die Sache aufzuklären, was sich als schwierig erweist, weil es keinen Toten gibt, dem die Hand gehören könnte.
Und dann verschwindet auch noch Thorsten Magolf mit seinem Sohn. Ist es vielleicht seine Hand, und wurde er grausam verstümmelt?

Wer ist Eva Sturm?

Liebe Leserin, lieber Leser,
dies ist jetzt bereits der 11. Fall für Eva Sturm. Und wenn Sie meine Ermittlerin, die ich 2015 erfand, bereits kennen und lieben gelernt haben, dann gehen Sie gerne zum nächsten Kapitel weiter, denn die nächsten Zeilen sind für die Leser gedacht, die noch nie etwas von Eva gehört haben und jetzt zum ersten Mal einen Ostfrieslandkrimi mit ihr lesen.

Eva Sturm ist Ende vierzig, als sie auf die Insel Langeoog kommt. Ihr Chef in Braunschweig ist ihrer überdrüssig und versetzt sie kurzerhand nach Ostfriesland. Eva fühlt sich abgeschoben. Sie zieht sich zurück und schmollt. Was soll sie auf einer Insel? Da passiert doch nichts und mit den Menschen kann sie auch nur bedingt etwas anfangen.

Doch dann findet sie einen goldenen Ring am Strand und darum herum entwickelt sich ihr erster Fall. An ihrer Seite ist immer Jürgen von der Touristinfo. Er ist der Einzige auf der Insel, zu dem sie regelmäßig Kontakt hat. Meistens geht es allerdings von ihm aus, er hat nämlich ein Auge auf sie geworfen.

Doch Eva gibt sich eher spröde. Sie will keine Beziehung, war noch nie verheiratet und weist ihn vehement ab, wenn er ihr zu nahe kommt. Und doch entwickelt sich zwischen den beiden eine gute Freundschaft und am Ende lässt sie ihn sogar an der Ermittlungsarbeit teilhaben. Sie machen fast alles zusammen.

Und so erfährt Jürgen auch, warum Eva so abweisend und nach seiner Meinung einsam ist. Sie offenbart ihm, dass sie schon als kleines Mädchen von ihrer Mutter im Stich gelassen wurde und in Heimen und Pflegefamilien aufwuchs. Das förderte nicht gerade ihr Vertrauen in Menschen. Außerdem war sie sexuellen Übergriffen ausgesetzt.

Auch Jürgen offenbart sich ihr und so bilden sie bald eine gute Gemeinschaft. Sie vertrauen einander. Mehr aber auch nicht.

Im Laufe der Krimis erfährt man viel über Evas Vergangenheit und im 7. Fall »Auf Dich wartet der Tod« trifft sie noch einmal auf frühere Pflegegeschwister, unter anderem Robert. Er zieht nach Ostfriesland, bleibt aber auf dem Festland, und wird zu einem engen Vertrauten. Er hilft ihr sogar entscheidend dabei, ihre Mutter in Schweden ausfindig zu machen.

Im 8. Fall »7 Tage Regen« ist es dann endlich soweit, und Eva findet ihre Mutter wieder. Jürgen reist mit Eva nach Schweden. Ihre Verbundenheit erlebt einen Höhepunkt und schließlich finden sie auch emotional und in Liebe zusammen.

Doch hat ihre Liebe wirklich Bestand?

Aufschluss darüber erhalten Sie in Band 10 dieser Reihe mit dem Titel »Stirb leise ...«

Und jetzt wünsche ich Ihnen spannende Unterhaltung mit »Der letzte Tanz«.

Übrigens, der erste Fall mit Eva Sturm „Verliebt ... Verlobt ... Verdächtig" wurde 2016 verfilmt und kam im Sommer 2017 in die Kinos.

Ihre Moa Graven

Altweibersommer

Altweibersommer. Überall, wo Eva hinkam, hörte sie dieses Wort. Den Begriff, der einen schönen Herbst mit lauen Abenden versprach. Und immer öfter fragte sie sich, ob es auch ihr persönlicher Altweibersommer werden würde.

Seit ein paar Monaten saß sie jetzt Abend für Abend alleine in ihrer Wohnung. Am Anfang, also nach ihrer Trennung von Jürgen, da hatte er sie noch ab und an in der Dienststelle aufgesucht oder war sogar zu ihr nach Hause auf ein Glas Wein vorbeigekommen. Doch die Abstände zwischen den Treffen wurden immer größer. Wann hatte sie ihn eigentlich das letzte Mal gesehen? So genau konnte sie es gar nicht mehr sagen. Sie hatte es im Sommer selber so entschieden, dass sie kein Paar mehr waren. Und dann hatte Jürgen ihr eröffnet, dass er eine gewisse Gunda während seines Landaufenthaltes kennen gelernt hatte. Man hätte es Fügung nennen können, dass beide zur gleichen Zeit wohl das Gefühl beschlichen hatte, dass sie nicht füreinander bestimmt waren.

Und immer größer wuchs das Gefühl in Eva heran, dass es sowieso niemanden gab, der zu ihr gehörte. Sie war dazu bestimmt, alleine zu sein. Und irgendwo musste es einen größeren Plan geben, der etwas für sie auf der

Agenda hatte. Aber eine glückliche Beziehung zu einem Mann schien nicht dabei zu sein.

Sie saß auf ihrer kleinen Terrasse und genoss den Riesling, den sie sich geöffnet hatte. Dazu aß sie ein paar Käsestücke und ein Baguettebrot, das sie sich nach Feierabend in ihrer Lieblingsbäckerei besorgt hatte. Es war noch ganz warm gewesen, weil es erst kurz vorher aus dem Ofen gezogen worden war. So mochte Eva es am liebsten. Die Sonne stand jetzt über dem Horizont und warf ein goldgelbes Licht über die Dünen. Warum also hätte sie hier Trübsal blasen sollen bei so einem Anblick? Da musste man schon verrückt sein, wenn man die Schönheit der Natur nicht als ein großes Geschenk betrachtete.

Altweibersommer. Es gab eigentlich keinen Grund, das Wort als böses Omen zu interpretieren. Reiß dich zusammen, sagte Eva zu sich und trank ihren Wein, der ein leichtes Kitzeln auf ihrer Zunge auslöste.

Vor ein oder zwei Wochen, da hatte Eva Jürgens Gunda sogar kennen gelernt. Sie war gute zehn Jahre jünger, sah aber keinen Deut besser aus als sie selber. Sie hatte aschblondes Haar und war auch übergewichtig. Kein Wunder, wenn man in einer Bäckerei arbeitete. Alles in allem war sie sehr nett und es war eigentlich ungerecht, dass sie versuchte, die weniger attraktiven Seiten an Gunda herauszustellen. Doch sie tat es ja nur für sich im Stillen.

Also tat sie auch niemandem weh. Was sie viel mehr beschäftigte, als ein schlechtes Gewissen Gunda gegenüber war die Frage, warum sie es überhaupt tat? Warum gab es ein Bedürfnis, die Frau, in die Jürgen sich wohl Hals über Kopf verliebt hatte, schlecht zu machen? Wo sie doch eigentlich froh darüber war, dass sie ihm mit ihrer Entscheidung, ihre gemeinsame Beziehung zu lösen, nicht wehgetan hatte. Nein, er war sogar erleichtert gewesen, weil er dieselben Bedenken hatte, als er ihr beichtete, dass er sich in eine andere Frau verliebt hatte. Also war doch eigentlich alles gut. Aber warum fühlte sie sich dann so schlecht?

Eva griff nach einem Stück Käse und drehte es zwischen den Fingern hin und her, bevor sie es sich in den Mund schob. Dann brach sie etwas vom Brot ab und machte daraus eine Kugel, die ebenfalls zwischen ihren Zähnen verschwand.

Vielleicht bin ich einfach zum Grübeln verdammt, dachte Eva. Sie nahm ihr Weinglas und trank einen Schluck. Der Wein, der noch nicht lange im Glas war, rann angenehm kühl ihre Kehle entlang.

Und dann wurde ihr langsam klar, was sie unterschwellig so sehr beschäftigte. Sie war alleine. Das war eigentlich alles. Denn auch Robert war wieder aufs Festland gezogen, nachdem er den Job nach dem letzten

Fall, wo er sogar indirekt involviert gewesen war, an den Nagel gehängt hatte. Er brauche Abstand, hatte er gesagt. Vielleicht hatte ihr ehemaliger Pflegebruder gespürt, dass sie auch ihn ins Visier genommen hatte, auch wenn sie ihm nie direkt von ihrem leisen Verdacht erzählt hatte.

Kein Jürgen mehr an ihrer Seite und auch kein Robert, mit dem sie sprechen konnte. Was, oder besser gesagt, wer blieb ihr dann hier auf der Insel schon noch? Wenn man es genau nahm, dann führte sie seitdem nur noch dienstliche Gespräche. Smalltalk mit den Insulanern war noch nie ihre Stärke gewesen. Dass das Wetter schön war, das sah man doch. Darüber musste man sich doch nicht auch noch stundenlang unterhalten. Bestimmt war es den Einheimischen aufgefallen, dass sie und Jürgen nicht mehr gemeinsam durch dick und dünn gingen. Tuschelte man vielleicht auch hinter ihrem Rücken über sie? Ganz sicher sogar. Doch im Prinzip war es ihr egal. Und wenn sie weiter auf Langeoog blieb und die Polizeidienststelle alleine führte, dann würde sie irgendwann eine wunderliche alte Dame werden, die alleine am Strand entlangging. Würden ihr Warzen im Gesicht wachsen? Würde sie sich einen Hund anschaffen? Oder eine schwarze Katze?

Plötzlich musste Eva lachen. Was machte sie hier eigentlich. Sie stellte ihr Glas ab, weil sie sich plötzlich schüttelte vor Lachen. Ich bin verrückt, dachte sie. Und vielleicht war das gar nicht das Schlechteste, weil man dann selten Langeweile hatte.

Koffer packen

Thorsten Magolf glaubte, dass er jetzt so langsam alles gepackt hatte, was er für den Kuraufenthalt auf Langeoog brauchen würde. Er sah auf die Uhr. Gleich war es acht Uhr am Abend. Sein Sohn Bastian lag bereits seit einer Stunde im Bett. Sicher würde es dem Achtjährigen guttun, wenn er mal auf andere Gedanken kam.

Thorsten lehnte sich auf seinem Bett zurück und sah auf die leere Seite des Ehebettes. Nun war es schon zweieinhalb Jahre her, dass Linda nicht mehr da war. Und noch immer tat es verdammt weh. Bastian war gerade in die Schule gekommen, als seiner Frau die bittere Diagnose Krebs gestellt worden war. Dann ging alles ganz schnell. Bauchspeicheldrüse, irreparabel … man muss sehen, wie viel Zeit ihrer Frau noch bleibt. An diese Satzfetzen erinnerte sich Thorsten auch jetzt. Der Arzt hatte versucht, es ihm so schonend wie möglich beizubringen. Aber ging das wirklich? Einem Mann auf die sanfte Art zu sagen, dass er bald das Liebste, was er im Leben hatte, für immer verlieren würde.

Sie waren offen damit umgegangen. Und dafür war Thorsten seiner Linda immer noch dankbar. Von Anfang an hatten sie den Moment geplant, wo sie Abschied nehmen würde. Für immer. Nach einem halben Jahr, in denen es viele Tränen, so manchen trügerischen Hoffnungsschimmer, weil sie sich dann doch etwas besser fühlt, gegeben hatte, war sie dann um ein Uhr fünfundvierzig in der Nacht zum 20. Februar 2015 in seinen Armen gestorben.

Es war ihr nicht gut gegangen in der letzten Zeit davor. Und deshalb konnten beide in Frieden Abschied nehmen. Ob Linda jetzt auf ihn herabsah? Was würde sie jetzt wohl sagen, wenn sie sähe, dass er, Thorsten, eigentlich ein Handwerker mit groben Händen, jetzt nur noch für seinen Sohn da war, kochte, putzte und Wäsche bügelte. Sie würde lächeln. Sie würde sich freuen.

In Thorstens Augen sammelten sich Tränen, als auch er zurücklächelte.

Linda fehlte ihm so sehr, dass es wehtat.

Und vielleicht war es eine ihrer Vorahnungen gewesen, die vor ihrem Tod schon so manche Richtung ins Positive gewendet hatte, dass sie ein Jahr vor der schrecklichen Diagnose eine Lebensversicherung abgeschlossen hatte, die Thorsten und Bastian jetzt zumindest ein finanziell sorgenfreies Leben ermöglichte. Mit den zweihunderttausend Euro würden sie eine Weile zurechtkommen. Und hinzu kam, dass sie im Elternhaus von Thorsten lebten, das er nach ihrem frühen Tod geerbt hatte und das bereits abbezahlt war.

Und so war Thorsten in der glücklichen Lage, sich rund um die Uhr um seinen halb verwaisten Sohn kümmern zu können. Sie waren durch den großen Verlust der Geliebten, einer vertrauten und sorgenden liebenden Mutter, zu einer eingeschworenen Restfamilie geworden. Thorsten fühlte sich oft wie amputiert. Einen Teil seines Herzens hatte man einfach rausgeschnitten.

Eine Nachbarin, die es gut mit den beiden meinte, hatte ihn vor einem halben Jahr darauf angesprochen, dass es vielleicht keine schlechte Idee wäre, sich doch einmal eine Luftveränderung zu gönnen, nach allem, was die beiden durchgemacht hatten. Und sie hatte recht. Die Trauer, sie seufzte hinter jeder Tür. Hannelore, so hieß die Nachbarin, die ihren Mann vor zwei Jahren verloren hatte und somit ansatzweise nachvollziehen konnte, was Thorsten durchlitt, kümmerte sich hin und wieder um Bastian, wenn Thorsten einem Freund auf dem Bau half. So kam er mal raus. Dem Jungen tue es nicht gut, dass er immer nur an die tote Mutter denke, so natürlich das vielleicht auch sei, hatte sie gemeint. Sie sollten mal verreisen.

Thorsten hatte die Sache mit seinem Arzt besprochen, der sich auch um Bastian kümmerte. Auch er fand die Idee gut und schlug sofort einen Kuraufenthalt vor. Und da sie hier in Bochum nicht gerade von einer idyllischen Umgebung verwöhnt seien, da wäre doch auch mal eine Luftveränderung nicht nur im sprichwörtlichen Sinne ganz ratsam. Thorsten hatte ihn hilflos angesehen, weil er von Urlaub nicht die geringste Ahnung hatte. Bisher waren er und Linda mit Bastian hin und wieder in den Zoo gegangen, wenn sie mal rauswollten. Sie waren Stadtmenschen, wie sie im Buche standen. Doch jetzt sah Thorsten ein, dass es für Bastian vielleicht doch gut sei, mal aus allem rauszukommen. Also nahm er den Vorschlag des Arztes an und beantragte eine Kur auf der für ihn weit entfernten ostfriesischen Insel Langeoog.

Fast wäre Thorsten über all diese Erinnerungen eingenickt, als plötzlich Bastian mit seinem Teddy, den er unter dem Arm geklemmt trug, in der Tür stand.
»Papa, ich kann nicht schlafen«, sagte er Junge und rieb über seine Augen. »Kann ich heute Nacht in Mamas Bett schlafen bei dir?«
Wie hätte Thorsten dem Jungen das abschlagen können. Und doch machte es ihm Sorgen, dass Bastian, seitdem Linda nicht mehr da war, den alten zerfledderten Teddy wieder hervorgekramt hatte und ihn praktisch immer bei sich trug. Nur mit Mühe hatte er den Jungen davon abhalten können, Stürmer, so hieß das Plüschtier,

das Linda ihrem Sohn zum dritten Geburtstag geschenkt hatte, auch noch mit in die Schule zu nehmen.

»Na, komm her Großer«, sagte Thorsten und klopfte unterstützend mit der Hand auf die Bettdecke der leeren Seite.

Zwei Wochen später

Eva schlenderte, nachdem sie sich in ihrer Wohnung frisch gemacht hatte, Richtung Bäckerei gegenüber vom Rathaus.

Sie joggte jetzt jeden Morgen zwischen zehn und elf Uhr am Strand. Fachleute würden dazu sicher schnelles Gehen sagen. Sie hatte sich per Internet ein paar neue Turnschuhe bestellt und den inneren Schweinehund an einem dieser herrlichen taufrischen Morgen, die es nur auf einer Insel gab, überwunden.

Zur Belohnung lief sie danach zur kleinen Bäckerei und trank einen Kaffee. Schwarz und ohne Kuchen. Und seit ein paar Tagen gesellte sich um diese Zeit ein Mann, den sie auf Ende fünfzig schätzte, zu ihr. Das erste Mal, als es keinen anderen freien Platz mehr als den an Evas Tisch gab.

Auch wenn Eva eigentlich lieber für sich blieb und das erste Mal nur sperrig zugestimmt hatte, so entpuppte sich der Mann als angenehmer Gesprächspartner. Er managte ein Hotel auf Langeoog und machte um die Zeit, in der Eva schon eine Sportstunde hinter sich hatte, eine kurze Pause bei einem Milchkaffee, um kurz abzuschalten.

»Was für ein herrlicher Tag«, sagte Hendrik Stiller, so hieß der Mann, als er sich an diesem Morgen zu ihr setzte.

»Oh ja, das kann man wohl sagen«, erwiderte Eva. »Am Strand war es fast menschenleer, als ich eben dort gelaufen bin. Man kann sich glaube ich irgendwann nichts Schöneres vorstellen, um einen Morgen zu beginnen.«

»Da haben Sie sicher recht. Leider fehlt mir einfach die Zeit dafür.«

»Das habe ich auch immer als Ausrede gehabt«, lachte Eva. Sie sah aus dem Augenwinkel heraus, dass Jürgen, der vor die Touristfinfo getreten war, zu ihnen beiden herübersah. Welche Gefühle löste dieser Anblick wohl bei ihm aus? Sie hatten schon seit über einer Woche nicht mehr miteinander gesprochen. Es war komisch, wie wenig man einst so vertrauten Menschen im Grunde zu sagen hatte, wenn der Kontakt abgebrochen war. Jetzt winkte er sogar und rief nach ihr. Sie drehte sich zu ihm hin und grüßte zurück.

»Ein netter Mann«, sagte Stiller. »Ich arbeite gut mit ihm zusammen.«

»Ja, er ist sehr nett«, bestätigte Eva und wehrte sich gegen das Kopfkino, das seine Fühler schon nach ihr ausgestreckt hatte.

Es entstand eine kurze Pause, in der jeder seinen Gedanken nachhing.

Jetzt war die Zeit der Touristen gekommen, die nach der Saison die Natur genossen. Es waren weniger Kinder da, was den Lärmpegel angenehm nach unten dimmte.

»Wäre es unverschämt, wenn ich Sie fragte, was Sie hier auf der Insel machen?«, fragte Stiller jetzt.

Sie hatte bisher nämlich kaum etwas zu sich selber erzählt, außer, dass sie morgens lief. Da sie Vertrauen zu ihm gefasst hatte, antwortete sie gerne.

»Ich wundere mich, dass Sie noch nichts von mir gehört haben. Ich bin nämlich die Inselpolizistin hier.«

Er machte große Augen. »Im Ernst? Nein, das wusste ich bisher nicht. Und eigentlich ist das ja im Grunde auch ganz gut. Nicht, dass Sie mich falsch verstehen«, er lachte sympathisch. »Doch wenn man die Polizei braucht in einem Hotel, dann spricht das ja nicht für den Betrieb.«

Eva lachte zurück. »Da könnten Sie recht haben. Und doch passiert hin und wieder etwas ...«.

»Ja, von dem tragischen Tod der jungen Frau im Sommer habe ich natürlich gehört. Einfach schrecklich. Zum Glück hat das Hotel keinen größeren Verlust dadurch erlitten.«

Eva dachte an Claire Freitag zurück. An die schöne Wohnung der Toten, die so angenehm gerochen hatte. Aber natürlich erzählte sie Stiller davon nichts.

Er deutete ihr Schweigen in eine ganz andere Richtung.

»Sicher halten Sie mich jetzt für herzlos, weil ich die wirtschaftlichen Interessen einem Opfer vorausstelle«, sagte er schnell.

»Oh, nein, keineswegs ... ich verstehe Sie da sehr gut. Doch so einen Fall steckt man als Ermittlerin leider auch nicht so einfach weg.«

Er entspannte sich sichtlich und sah auf seine Uhr.

»Ich glaube, ich muss jetzt wieder los«, sagte er. »Sehen wir uns morgen früh wieder?«

Sie zwinkerte ihm zu. »Der Zufall scheint ja beharrlich daran zu arbeiten.«

Er lächelte und ging davon.

Und jetzt?, dachte Eva. Im Moment war alles so friedlich auf der Insel, dass sie schon fast meinte, nur zu Besuch hier zu sein. Sie hatte keine Lust, sich jetzt in die Dienststelle zu setzen und weiß Gott was zu machen. Und angespornt durch das nette Gespräch eben waren ihre Lebensgeister zu allen Taten bereit.

Also lief sie zu ihrer Wohnung zurück, um ihr Fahrrad zu holen. Sie würde eine kleine Radtour zum Hafen machen.

Als sie eine gute halbe Stunde später dort ankam, hatte gerade die Fähre mit den neuen Gästen angelegt. Die

Menschen strömten von Bord, um einen guten Platz in der Inselbahn zu ergattern. Es waren diesmal auch viele Frauen mit Kindern darunter. Sicher waren sie die neuen Gäste in der Mutter-Kind-Klinik. Eva hatte mit dieser Institution noch nicht viele Berührungspunkte gehabt. Sie fragte sich manchmal, warum Mütter so einen Urlaub, was es eigentlich in ihren Augen war, von ihrer Krankenkasse finanziert bekämen. Sie hätten mal das Leben ihrer Mutter mitmachen sollen. Aber vielleicht war sie auch ungerecht. Die Menschen, vor allem Mütter, wurden immer anfälliger für Hilfsangebote, was vielleicht auch daran lag, dass man sie den ganzen Tag damit bombardierte.

Als die Bahn sich in Bewegung setzte und die abfahrenden Gäste auf der Fähre verschwunden waren, wurde es wieder still. Eva ließ ihren Blick schweifen. Es gab kaum noch Orte auf der Insel, die sie nicht an irgendeinen Fall erinnerten. Da hinten, da hatte Axel Weiland versucht, ihr etwas anzutun. Eine Gänsehaut kroch über ihren Rücken. Sie setzte sich auf ihr Fahrrad und fuhr zurück in den Ort.

Annika

Vor einer Woche hatte sie den Bescheid von ihrer Krankenkasse erhalten und nun war sie schon auf Langeoog.

Annika konnte ihre Freude kaum in Worte fassen. Immer wieder drückte sie die Hand ihrer kleinen Tochter Anna und zeigte dem Mädchen die vielen Dünen, das weite Land und das Meer.

Als die Inselbahn im Ort stoppte, stand bereits ein Mitarbeiter der Kurklinik am Bahnhof, um die neuen Gäste in Empfang zu nehmen.

Es tat ihr gut, endlich einmal irgendwo dazuzugehören und so schloss sich Annika dem Tross, der sich zu Fuß in Richtung Kurhaus in Bewegung setzte, an.

Annika hatte es bisher nicht leicht gehabt in ihrem Leben. Sie war jetzt achtundzwanzig, alleinerziehend und arbeitslos. Dreimal Arschkarte, sagte sie gerne lachend, wenn sie sich mit ihren Freundinnen unterhielt. Doch zum Lachen war ihr, wenn sie alleine war, nur selten zumute.

Und dabei war sie nicht einmal an dem ganzen Unglück, das in den letzten sechs Jahren über sie hereingebrochen war, schuldig. Es war vielmehr eine Verkettung von überaus unglücklichen Umständen, die sie zur heutigen Bittstellerin, wie sich selber empfand, gemacht hatte.

Denn eigentlich hatte sie bis dahin einen tollen Job in einem Reisebüro gehabt. War Single und viel gereist. Hin und wieder leistete sie sich auch einen kleinen Flirt, doch die große Liebe war bisher nicht dabei gewesen.

Bis zu dem Tag, als sie Mathias über den Weg gelaufen war. Nach einem Jahr war sie schwanger, bekam Anna. Mathias ließ sie sitzen. Sie bekam eine Wochenbettdepression, wie man ihr sagte, verlor den Job. Es ging so weit, dass sie kaum noch die Kraft hatte, sich um Anna zu kümmern. Doch bevor man ihr das Kind endgültig wegnahm, kam von irgendwo ein rettender Engel in Form einer lieben Bekannten daher, die sich der jungen Frau mit dem Kind annahm. Sie sorgte schließlich auch dafür, dass Annika eine Mutter-Kind-Kur beantragte.

Annika hatte Tränen in den Augen, als sie an all die schrecklichen Zeiten zurückdachte. Wieder drückte sie Annas Hand, doch das Mädchen hatte längst Augenkontakt zu einem kleinen Jungen aufgenommen, der auf gleicher Höhe mit ihnen lief. Die Mutter des Jungen sah mindestens doppelt so alt aus wie Annika und wog auch wohl so viel. Sie lächelte ihr zu, als sich ihre Blicke trafen. Doch schon alleine der Glimmstängel in ihrem

Mundwinkel ekelte Annika dermaßen an, dass sie nur knapp nickte und dann wieder zu den anderen vor sich sah. Sicher würde es auch noch nettere Frauen geben, mit denen sie sich anfreunden konnte.

Schließlich kamen sie bei der Klinik an und Annika reihte sich am Tresen in der Schlange an, um aufgenommen zu werden. Anna hatte sich mit dem Jungen an einen Tisch gesetzt und unterhielt sich mit ihm und sie lachten viel. Es war schön, die Kleine so fröhlich zu sehen.

Dann war Annika endlich an der Reihe. Schnell war alles geklärt und sie erhielt den Schlüssel zu Zimmer 137.

Nur wenig später hätte sie alles dafür gegeben, diesen Schlüssel niemals in die Hand genommen zu haben.

Die Hand

Es hätte nicht viel gefehlt, und Eva wäre vor lauter Langeweile an ihrem Schreibtisch eingenickt. Die Sonne warf ihr warmes Licht in den Raum, es gab nichts zu tun und alles war still um sie herum gewesen.

Dann klingelte das Telefon auf ihrem Schreibtisch und vor Schreck ließ sie den Kugelschreiber, den sie mehr oder weniger unbewusst in ihrer linken Hand hielt, fallen.

»Ja, Eva Sturm hier«, sagte sie wie in Trance in den Hörer. Dann spannten sich ihre Nackenmuskeln an, als eine männliche Stimme von einem schrecklichen Unglück in der Kurklinik im Stakkatostil berichtete. »Ich bin gleich da«, sagte sie und legte auf.

Hatte er wirklich von einer Hand gesprochen?, fragte sie sich, als sie nach ihrer leichten Jacke griff. Er hatte so aufgeregt geklungen, dass es sich auch um ein Missverständnis handeln konnte. Wer legte denn schon eine abgehackte Hand in das Bett eines Kurgastes?

Als Eva bei der Klinik ankam, standen die Menschen Kopf. Wie ein Lauffeuer hatte sich der schreckliche Fund in Zimmer 137 herumgesprochen.

»Wem gehört das Zimmer?«, fragte Eva, als sie endlich bis zu dem Manager der Klinik vorgedrungen war.

»Einer jungen Frau mit ihrer kleinen Tochter«, antwortete er. Noch immer war er leichenblass. »Das muss doch nicht unbedingt an die Öffentlichkeit getragen werden, oder? Ich meine, wie sieht das denn aus ...«.

Eva zuckte mit den Schultern. »Wo ist die junge Frau jetzt?«

»Meine Frau hat sie mit in unsere private Küche genommen, um ihr einen Tee zu machen. Sie können sich ja sicher vorstellen, dass es ihr nicht besonders gut geht.«

»Davon gehe ich aus«, antwortete Eva. »Trotzdem müsste ich bald mit ihr sprechen, wenn ich alles hier gesehen habe.«

»Sicher. Ich werde meiner Frau Bescheid sagen, dass sie so lange mit ihr warten soll. Das ist überhaupt kein Problem.«

»Sie sprachen auch von einem Kind. Ist es auch dort?«

Er nickte.

»Gut, richten Sie ihrer Frau aus, dass ich in ungefähr einer Stunde da sein werde. So lange brauche ich sicher noch. Und sonst hat niemand die Hand gesehen?«

Er schüttelte heftig den Kopf. »Zum Glück nicht.«

»Aber Sie doch, oder?«

»Ja natürlich. Ich wurde sofort hinzugerufen, als die junge Frau, ich meine Annika Bertram, schreiend auf den Flur gelaufen ist.«

»Und obwohl sie das gemacht hat, war niemand sonst in dem Zimmer?«

»Nein. Sowas macht doch keiner freiwillig«, antwortete er und sah Eva abwartend an.

»Na gut, dann werde ich mich wieder bei Ihnen melden, wenn ich soweit bin.«

Eva ging zum Fahrstuhl, um in den ersten Stock zu fahren. Doch während sie wartete, besann sie sich eines Besseren und wählte das Treppenhaus.

Der Flur, in dem Zimmer 137 lag, war menschenleer. Während sie nach dem Zimmer suchte, wählte sie Ole Meemkens Nummer, damit er sich die Hand ansah. Als sie ihm alles erklärt hatte, legte er mit der Bemerkung auf, dass der Rest ja auch wohl irgendwo sein müsste. Sicher, da hatte er Recht. Dann drückte Eva die Klinke herunter.

Es war eines dieser auf den ersten Blick steril wirkenden Zimmer, wie man sie auch aus Krankenhäusern kannte. Nur ein paar weißblaue Deckchen deuteten darauf hin, dass es sich hier um ein Gästehaus handelte. Den Rest an Privatsphäre brauchten dann die Bewohner ein.

Die Bettdecke, worunter die Hand liegen musste, war nicht aufgeschlagen. Sie würde klären müssen, ob Annika Bertram sie wieder über die Hand gelegt hatte, nachdem sie sie entdeckt hatte. Und wenn ja, wäre das eine natürliche Reaktion gewesen? Nun, vielleicht eine logische, wenn sie hatte verhindern wollen, dass auch die Tochter sah, was sich unter der Bettdecke verbarg.

Und trotzdem war sie dann schreiend auf den Flur gelaufen. Wie passte das zusammen? Das hatte das Mädchen doch auch geängstigt. Aber auf der anderen Seite war es nur allzu menschlich, wenn Annika dann letztlich doch die Nerven durchgegangen waren.

Ein größerer und ein kleiner Rollkoffer standen noch mitten im Zimmer. Also war das Bett wohl das Erste, was Annika Bertram in Augenschein genommen hatte, als sie ins Zimmer gekommen war. Sie würde sie fragen müssen, warum. Denn es war noch früh am Tag. Da dachte eine junge Mutter bestimmt nicht daran, sich gleich ins Bett zu legen.

Ansonsten sah das Zimmer relativ unberührt aus. In der Regel gab es maximal einen Tag zwischen dem Verlassen eines Zimmers und dem Neubezug mit den nächsten Gästen. Ob diese Hand etwas mit Annika zu tun hatte? Es stand ja schon weit im Voraus fest, wer das Zimmer beziehen würde. Wer hatte vor ihr hier gewohnt? Auch das könnte interessant sein.

In Gedanken machte Eva sich eine kleine Checkliste, was sie noch fragen würde und ärgerte sich im selben Augenblick, dass sie immer wieder vergaß, sich einen

Notizblock einzustecken. Vielleicht hatte sie sich zu sehr daran gewöhnt, dass Jürgen bei ihr gewesen war und automatisch vieles übernommen hatte.

»Eva?«

Die Stimme gehörte Ole, der mit seiner typischen Tasche in der Hand im Türrahmen stand.

»Hallo Ole«, begrüßte sie ihn. »Ich dachte schon, ich könnte hier einen schönen Altweibersommer genießen ...«.

»Dafür bist du doch noch viel zu jung«, sagte er, ohne dabei zu lachen. »Wo ist die Hand?«

»Hier im Bett.« Sie zeigte in die Richtung.

»Mann oder Frau?«

»Das weiß ich nicht. Ich habe noch nicht nachgesehen, weil ich dir nicht ins Handwerk pfuschen wollte.«

»Sehr gut.«

Er stellte seine Tasche neben dem Bett ab, zog seine Handschuhe an und lüftete dann das Geheimnis.

»Eindeutig eine Männerhand«, sagte er und auch Eva erkannte die leichte Behaarung auf dem Handrücken. Ole ging ganz nah an die Hand heran, indem er sich tief übers Bett beugte. »Höchstens ein paar Stunden her ... ich meine, dass man sie vom Rest des Körpers getrennt hat.«

»Aha.«

»Weißt du auch, wo der Rest ist?«

»Nein, leider nicht.«

»Also könnte er noch leben.«

Darüber hatte Eva sich noch gar keine Gedanken gemacht. Doch Ole hatte natürlich recht.

»Stimmt, irgendwo läuft jetzt jemand mit nur noch einer Hand herum«, murmelte sie.

»Dürfte wohl nicht schwer zu finden sein«, erwiderte Ole trocken. »Meistens sind solche Leute in der Minderzahl.«

»Aber was ist, wenn der Mann ermordet worden ist und man die abgeschlagene Hand hier deponiert hat?«

»Kann man ja fast von ausgehen«, meinte Ole. »Schließlich hätte der Mann doch wohl gemeldet, wenn man ihm eine Hand abtrennt.«

»Wenn er denn die Gelegenheit dazu gehabt hätte. Es könnte ja auch sein, dass er entführt wurde und irgendwo gefangen gehalten wird.«

»Tja, das kann natürlich auch sein. Ich sehe Eva, du hast wieder alle Hände voll zu tun.« Er lachte kurz über seinen eigenen makabren Witz und zeigte auf das Bett. »Ich werde die Hand mitnehmen und dir so schnell wie möglich einen vollständigen Bericht schicken.«

Sie nickte und ging dann wieder ins Erdgeschoss. Sie musste jetzt mit Annika Bertram sprechen.

Auf dem Weg in die Privatwohnung des Managers erkundigte sie sich noch nach dem Bewohner, der vor Annika in Zimmer 137 gewohnt hatte. Es handelte sich um eine Frau namens Melanie Pieper, die aus Osnabrück stammte und gestern Mittag wieder abgereist war. Sie notierte sich auch deren Anschrift und Telefonnummer.

Annika Bertram saß mit ihrer Tochter auf dem Schoß an einem großen hellen Küchentisch, als Eva eintrat und sich vorstellte. Die Frau des Managers war gerade damit beschäftigt, einen Kaffee anzusetzen.

»Wissen Sie schon Näheres?«, fragte sie sofort aufgeregt und hielt in ihrer Bewegung inne.

»Im Moment nichts Konkretes«, antwortete Eva und stellte sich vor. Sie hatte die Frau schon einmal gesehen, konnte sie da aber noch nicht einordnen.

»Unfassbar so etwas«, sagte die Frau jetzt und füllte weiter Kaffeepulver in den Filter.

Eva setzte sich zu Annika an den Tisch.

»Könnten Sie mir bitte kurz schildern, wie sich die ganze Sache abgespielt hat?«, bat sie.

Annika zögerte und sah auf Anna.

Die Frau, die auch an den Tisch gekommen war, verstand, und griff nach der Hand des Mädchens. »Da wollen wir doch mal gucken, ob wir im Wohnzimmer noch ein paar Bonbons finden«, sagte sie und ging mit Anna aus dem Zimmer.

»Ich sah die Hand, als ich die Bettdecke zurückschlug«, begann Annika, als sie alleine waren.

Eva nickte. »Verstehe. Und warum haben Sie die Bettdecke zurückgeschlagen?«

Annika sah sie verständnislos an.

»Nun ja, ich meine, es war noch früh am Tag, Sie waren gerade angekommen und hatten doch bestimmt nicht vor, ins Bett zu gehen«, erklärte Eva ihre Frage.

»Ach so ... ich weiß es eigentlich gar nicht. Ist eine blöde Angewohnheit von mir, wenn ich in einem fremden Bett schlafen soll. Eigentlich mag ich das gar nicht so gerne. Ich habe früher in der Reisebranche gearbeitet und dort habe ich so manche Überraschung erlebt, was die Betten betrifft.«

Das leuchtete Eva ein.

»Und jetzt arbeiten sie nicht mehr im Tourismus?«

»Nein, schon eine ganze Weile nicht mehr. Auch wegen Anna ...«.

»Ja, so ein Kind braucht viel Aufmerksamkeit«, sagte Eva, obwohl sie im Grunde keine Ahnung davon hatte. »Was machen Sie denn jetzt beruflich?«

Annika zog die Schultern hoch. »Im Moment bin ich arbeitslos«, sagte sie fast entschuldigend und Eva spürte, dass das längst nicht die ganze Wahrheit war. Irgendetwas in Annikas Augen erzählte eine ziemlich traurige Geschichte. Doch da würde sie später noch einmal nachhaken.

»Ist Ihnen außer der Hand noch irgendetwas anderes in dem Zimmer oder gegebenenfalls auf dem Flur oder am Empfang aufgefallen?«

Annika rieb mit der flachen Hand über ihre Stirn.

»Nein, eigentlich nicht. Ich hatte mich so auf den Aufenthalt hier mit Anna gefreut. Ich weiß gar nicht, ob wir noch hier bleiben können.«

»Bestimmt wird sich ein anderes Zimmer für Sie finden lassen«, meinte Eva. Doch sie verstand, was Annika meinte.

»Ja, vielleicht. Ich muss mich zusammenreißen für Anna.«

»Fällt Ihnen vielleicht irgendjemand ein, der Ihnen auf diese Weise einen schrecklichen Streich spielen wollte?«, fragte Eva vorsichtig.

»Mir? Einen Streich spielen mit einer abgeschlagenen Hand?«

Annika sah sie an, als habe sie von ihr verlangt, kopfüber mit verbundenen Augen vom Wasserturm zu springen.

»Sah die Hand für Sie abgeschlagen aus?«, entgegnete Eva.

»Wie? Ich weiß nicht. Vielleicht hat sie auch jemand abgesägt. Aber woher soll ich das denn wissen? Ich bin seit über zehn Jahren Vegetarierin und habe mit Messern nicht mehr viel zu tun. Es sei denn, ich schneide Gemüse oder Obst.«

Offensichtlich stand Annika wieder kurz vor einem Zusammenbruch, wenn sie derlei Vergleiche brachte. Und es stimmte ja auch. Irgendwie musste die Hand ja vom Rest des Körpers abgetrennt worden sein, wenn sie nicht von selber abgefallen war. Wovon nicht auszugehen war.

»Kommen Sie«, sagte Eva jetzt. »Ich werde mit Ihnen und Anna an den Empfang gehen und dann bringe ich sie beide in ein neues Zimmer und sorge dafür, dass man Ihr Gepäck holt.«

Sie erhob sich und auch Annika stand vom Stuhl auf.

»Ich weiß nicht, ob das noch eine erholsame Kur werden wird«, murmelte sie und folgte Eva in das Wohnzimmer, wo die Frau mit Anna auf dem Sofa saß und Karamellbonbons in sich reinstopfte. Fast sah sie erleichtert aus, als Eva ihr erklärte, dass sie die beiden jetzt mitnehmen würde.

In der Dienststelle

Eva saß an ihrem Schreibtisch und grübelte. Bisher lag keine Vermisstenmeldung über einen Mann um die vierzig vor. Doch sie war sich sicher, dass der ganze Mann, also der, dem die Hand gehörte, tot war. Sie hätte nicht sagen können, warum. Doch es war einfach so, dass sie nicht davon ausging, dass er irgendwo gefangen gehalten wurde. Dann hätte es doch längst eine Art Erpresserbrief oder eine Drohung gegeben. Doch auch da gab es nichts.

Also mussten sie den Toten suchen.

Sie bat die Kollegen von der Wasserschutzpolizei und vom Festland, ein Team zusammenzustellen.

Bisher hatte es keine weiteren Aufschreie in der Kurklinik gegeben. Wenigstens der Rest von ihm war also nicht in anderen Betten verteilt worden. Aber warum lag ausgerechnet die Hand in Annika Bertrams Bett? Natürlich, es hätte ein Zufall gewesen sein können. Doch daran mochte Eva noch nicht so recht glauben.

Sie tippte den Namen der jungen Frau in die Tastatur ihres PC.

Da gab es nicht viel. Bei den Fotos, die wohl nie wieder aus dem Netz verschwinden würden, gab es einige Aufnahmen, die sie frohgelaunt an einem sonnigen Strand zeigten. Das Foto verlinkte zu einer Seite eines Reisebüros, wo sie früher einmal gearbeitet hatte. In dem Punkt hatte sie also nicht gelogen. Und warum sollte sie überhaupt lügen? Im Moment gab es noch keinen Grund, dem, was Annika sagte, zu misstrauen.

Es klopfte sachte an die Tür.

»Herein!«, rief Eva.

Im Türrahmen stand jetzt die Frau des Managers des Kurhauses.

»Könnte ich Sie einen Moment sprechen?«, fragte sie.

»Sicher, kommen Sie herein.« Eva bat ihr den Stuhl sich gegenüber am Schreibtisch an.

»Danke.«

»Es geht um die Hand, nehme ich an ...«.

Die Frau nickte, doch sie sagte nichts.

»Ist Ihnen noch etwas dazu eingefallen? Haben Sie etwas beobachtet?«, fragte Eva deshalb.

»Ich weiß nicht, ob es etwas mit der Hand zu tun hat«, begann die Frau schließlich.

»Im Moment kann alles wichtig sein«, entgegnete Eva. »alles, was uns weiterhilft, die Identität des Mannes zu erfahren hat oberste Priorität.«

Die Frau nickte und sackte in sich zusammen.

»Wir wollten es ja nicht verschweigen ...«, begann sie und ihre Hände zitterten.

Eva rückte weiter an ihren Schreibtisch heran und lehnte sich auf. Die Sache schien interessant zu werden.

»Was haben Sie mir verschwiegen?«, bohrte sie nach.

»Der Mann ... ich meine, es muss ja gar nichts mit der Hand zu tun haben.«

Jetzt rede endlich, dachte Eva, deren Geduld langsam am seidenen Faden hing.

»Wir vermissen einen jungen Mann mit seinem Sohn«, platzte es dann aus der Frau heraus. »Seit vorgestern Abend.«

Das war der Moment, in der Eva froh war, kein Messer zur Hand zu haben, um es der Frau mitten ins Herz zu rammen.

»Wieso um Himmels willen haben Sie denn nichts davon gesagt, als ich bei Ihnen war?!«, rief sie jetzt aus.

»Ich weiß es nicht.« Sie begann zu weinen vor Scham. »Mein Mann meinte, dass es ja auch sein könnte, dass er einfach abgereist war. Ohne uns Bescheid zu sagen.«

»Tja, und in der Eile hat er dann irgendwo seine Hand liegenlassen«, brummte Eva und sah, wie die Frau sie fassungslos mit offenem Mund ansah.

»Um wen handelt es sich bei diesem Mann?«, fragte Eva jetzt.

»Thorsten Magolf«, antwortete die Frau. »War vor gut zwei Wochen mit seinem Sohn Bastian angereist.«

»Und wer hat als Erster entdeckt, dass die beiden verschwunden waren?«

»Na ja, er kam nicht mehr zu den Anwendungen. Sowas kommt ja mal vor. Aber als er dann auch die dritte Anwendung am Tag verpasste, da haben wir uns schließlich Gedanken gemacht und sind auf sein Zimmer gegangen.«

»Und?«

»Die Sachen waren noch da, aber Herr Magolf und sein Sohn waren verschwunden. Wir haben die ganze Klinik und das umliegende Gelände nach den beiden abgesucht. Doch wir haben sie nicht gefunden.«

»Die Sachen der beiden sind noch da?« Eva konnte es nicht fassen, was diese Frau vor ihr da erzählte. »Und Sie haben es nicht für nötig befunden, die Polizei einzuschalten?«

»Ach, ich wollte ja eigentlich ... doch mein Mann meinte, es wäre nachteilig für den guten Ruf der Klinik, wenn Gäste bei uns verschwinden.«

»Darauf können Sie Gift nehmen, dass das Folgen für Ihre Klinik haben wird«, meinte Eva. »Und jetzt bringen Sie mich sofort zu dem Zimmer von Herrn Magolf.«

Eva fand auch ein Foto in den Sachen von Thorsten Magolf, das ihn zusammen mit einer lächelnden Frau zeigte. Warum war er hier alleine mit seinem Sohn auf der Insel? Bei all den anderen Dingen fand sie nichts, was auf ein Verbrechen hindeuten würde. Sie nahm die Bürste aus dem Badezimmer mit, damit Ole Meemken so schnell wie möglich feststellen konnte, ob die Hand zu dem Vermissten gehörte.

Sie ließ das Zimmer bis auf Weiteres für den Zugang auch durch das Personal sperren. Das war dann schon das zweite innerhalb kurzer Zeit in dieser Klinik, in der der Manager offensichtlich Dreck am Stecken hatte. Warum sonst hätte er wegen des Verschwindens von Thorsten Magolf lügen sollen?

Als sie unten am Empfang nach ihm fragte, wusste angeblich niemand, wo er sich gerade aufhielt.

Eva beschloss, jetzt nach Hause in ihre Wohnung zu gehen. Morgen früh würde sie die Bürste auf der Fähre abgeben, damit die Kollegen auf dem Festland sie zu Ole nach Oldenburg bringen konnten. Das Leben auf der Insel war manchmal so verdammt kompliziert.

Erst, als sie sich den zweiten Pinot Grigio einschenkte, kam sie langsam wieder runter. Sie saß in ihrer Küche vor dem großen Fenster zur Terrasse, weil es draußen doch etwas kühl geworden war.

War sie alleine?, fragte sie sich, als sie Gefahr lief, von einer herben Depression erfasst zu werden. Wieso waren die guten Gefühle, die sie im Sommer hatte, als sie sich von Jürgen trennte, um ihr eigenes Leben wieder zu leben, so schnell verflogen? Taugte sie überhaupt noch für die echte Polizeiarbeit, wenn das Private bei ihr alles überschattete? Es hätte nicht mehr viel gefehlt, dann hätte sie angefangen zu heulen.

Doch es klingelte an der Tür. Es rettete sie jemand.

»Jürgen?«, fragte sie ungläubig und wischte sich schnell unter den Augen entlang.

»Hast du geweint?«, fragte er dann prompt.

»Nein, wohl zu viel Wind abgekriegt heute?«

»In der Kurklinik oder morgens beim Kaffeetrinken mit deinem neuen Verehrer?« Er lachte genauso, wie er es sonst immer geschafft hatte, sie aus ihrem Tief herauszuholen. Es tat gut, dass er da war.

»Blödmann«, machte sie seine kleinen Sticheleien mit. »Was machst du hier?«

»Ich wollte mal nach dir sehen«, antwortete er, »ich habe gehört, was in der Klinik passiert ist.«

»Tja, ziemlich komplizierte Sache, so, wie es aussieht. Willst du reinkommen?«

»Ich dachte schon, du fragst nie«, lachte er und schob sich an ihr vorbei in die Küche, wo er den Wein auf dem Tisch stehen sah. »Den kann ich jetzt auch vertragen.« Er zeigte auf die Flasche. »Hast du heute schon gegessen?«

Erst jetzt fiel Eva ein, dass dafür bisher gar keine Zeit geblieben war. Oder vielleicht hatte sie auch den Appetit vollends verloren.

»Nein, hab ich nicht«, sagte sie selber erstaunt.

»Dann könnten wir doch auch zum Italiener gehen, was meinst du?«

»Wie in alten Zeiten?«

»Na ja, jedenfalls so ähnlich.«

»Dann lass uns gehen, mein Magen hängt mir plötzlich in den Kniekehlen.«

Sie machten sich auf den Weg.

Der Kellner wunderte sich, ließ es sich aber nichts weiter anmerken, dass er sie lange nicht gemeinsam bedient hatte.

Jürgen bestellt das Übliche, wie er grinsend sagte. Und kurz darauf stand eine Flasche Rotwein mit zwei Gläsern auf dem Tisch und in der Küche wurde eine Pizza mit doppelt Käse und die andere traditionell belegt.

»Wie geht es Gunda?«, fragte Eva, als sie mit dem ersten Glas gemeinsam angestoßen hatten.

»Oh, ganz gut.«

»Wann kommt sie denn wieder auf die Insel?«

»Tja, das sieht im Moment schlecht aus«, sagte Jürgen. »Zwei Kolleginnen sind krank, da ist sie unabkömmlich.«

»Das tut mir leid für euch ...«.

»Ach was. Halb so wild. Am kommenden Wochenende werde ich mal zu ihr rüberfahren. Man ist ja flexibel.«

»Für länger?«

»Ne, eigentlich nur übers Wochenende. So haben wir es jedenfalls geplant. Von Freitag bis Montagmorgen.«

»Na, dann wünsche ich euch viel Spaß.«

»Aber ich fahre nur, wenn du hier alleine zurechtkommst.«

Er hatte es eigentlich halb im Scherz gemeint, doch plötzlich kippte die gute Stimmung. Eva wusste nicht warum und sie kam sich auch ziemlich albern vor, doch plötzlich rollten dicke Tränen über ihre Wangen, die sie schnell mit der Serviette wegwischte.

»Eva, was ist denn los?« Jürgen war jetzt wirklich besorgt. »Kann ich dir irgendwie helfen? Wenn es um den Kerl geht ... also, wenn der dich irgendwie verletzt hat, dann kriegt er es mit mir zu tun.«

»Welcher Kerl?«, fragte Eva und schnäuzte sich jetzt auch noch in die Serviette.

»Na der, mit dem du da jeden Morgen beim Bäcker sitzt.«

»Ach so ... nein, der ist in Ordnung. Ich weiß auch nicht, was eben mit mir los war. Lass uns einfach essen und den Quatsch vergessen. Okay?«

Der Ober kam und stellte zwei Pizzen auf den Tisch und wünschte einen ausgesprochen guten Appetit. Er schien sichtlich erfreut, die beiden wieder zusammen zu sehen.

»Hm ... doppelt Käse«, sagte Jürgen und führte seinen Teller unter seiner Nase entlang.

Eva musste lachen. »Du bist noch genauso albern wie sonst.«

»Wenn du dann wieder lachen kannst, dann bin ich das gerne«, sagte er und sah sie offen an. »Wirklich Eva, ich bin dein Freund. Du musst es mir sagen, wenn dich etwas bedrückt. Immer und überall, hörst du.«

»Versprochen«, sagte sie und schnitt ein erstes Stück von ihrer Pizza ab und schob es sich in den Mund.

Jürgen musste nicht die ganze Wahrheit wissen, dachte sie und ließ ihren Blick über die anderen Gäste schweifen. Er musste nicht wissen, dass sie fast jeden Abend eine Flasche Wein alleine trank. Dass sie immer früher ins Bett ging, weil sie es einfach nicht mehr ertrug, alleine in ihrem Wohnzimmer zu sitzen. Es fühlte sich alles oft so kalt und leer an.

Der Schmerz

Thorsten Magolf wachte mit einem bösen Schmerz am Hinterkopf auf. Er brauchte einen Moment, um zu realisieren, dass er nicht in seinem Zimmer in der Kurklinik war. Alles hier war so anders. Die großen bunten Tapeten, die ihn an die gute Stube seiner Eltern erinnerten. Genauso wie das grüne borstige Sofa, auf dem er lag. Bastian, schoss es ihm durch den Kopf. Wo war sein Sohn? Er richtete sich auf und versuchte, etwas im Halbdunkel zu erkennen. Doch er war alleine in diesem Raum. Er wusste, dass es zwecklos sein würde, an der Tür zu rütteln. Bestimmt war sie abgeschlossen. Und doch quälte er sich vom Sofa hoch und versuchte sein Glück. Er hatte recht gehabt.

Merkwürdig war, dass dieser Raum kein Fenster hatte. War er vielleicht in einem Kellerraum gefangen?

Er versuchte, sich an das Letzte, was mit ihm geschehen war, bevor er das Bewusstsein verloren haben musste, zu erinnern. Er blieb bei dem Zimmer in der Klinik hängen. Egal was es war. Jemand musste ihn dort überfallen haben und nirgendwo sonst. Wo war nur Bastian? Die Sorge um den Jungen fraß ihn auf. Es war ihm egal, was mit ihm geschah. Wenn nur dem Kind nichts passierte.

Er ging noch einmal zu der Tür. Sie war aus schwerem massivem Holz. Sie einzutreten, würde nicht so leicht werden. Ob er etwas fand, womit er das Schloss aufschließen könnte? Vielleicht eine Sicherheitsnadel, eine Büroklammer oder etwas Ähnliches? Er kannte sich nicht damit aus, wie man Türen auf die unkonventionelle Art öffnete. Doch versuchen musste er es, sonst würde er hier drin verrückt werden.

Klinikalltag

Die beschauliche Ruhe im Frühstücksraum wurde spätestens um kurz nach Sieben zerstört, wenn die ersten Gäste sich wie ein Schwarm über die frischen Brötchen, die Wurst und den Käse hermachten.

Sie tun, als gäbe es ab morgen nichts mehr zu essen, dachte Lieselotte. Sie leitete nun schon seit über dreißig Jahren den Kantinenbetrieb und war einiges gewohnt. Es gab nichts, was sie noch erschüttern konnte. Einmal hatte ein Gast sich über ein Ei beschwert, das nach seiner Meinung zwanzig Sekunden zu wenig gekocht worden war, um ein wirklich einwandfreies weiches Ei zu sein. Und immer wieder rümpften Frauen die Nase, wenn es Sahnesoße über den Nudeln gab. Schließlich müssten sie auf ihre Figur achten, sagten sie, und nahmen mit ihren dicken Hintern in Jogginghosen am Tisch Platz, um dann mit Wonne die eben diskreditierten Nudeln mit Sahnesoße in sich hineinzuschaufeln. Einige bestellten sogar nochmal nach, weil man von so einer Kinderportion doch wohl nicht satt wurde.

Über diejenigen schließlich, die sich letztlich auch noch über das Dekor des Geschirrs mokierten, das doch wohl schon lange nicht mehr aktuell war, hätte sie Bücher schreiben können.

Doch das alles wurde spätestens dann unwichtig, wenn sie sich um Gäste wie Bastian und seinen Vater kümmern konnte. Thorsten Magolf hatte ihr erzählt, dass er seine Frau verloren hatte. Das hatte Lieselotte sehr gerührt. Und jetzt waren diese beiden verschwunden. Was war nur mit ihnen geschehen?

Der Chef hatte es ihr am Morgen erzählt und sie gebeten, zunächst Stillschweigen zu bewahren, falls jemand von den anderen Gästen nach den Magolfs fragen sollte. Und wahrscheinlich würde noch eine Polizistin dumme Fragen stellen. Auch da sollte Lieselotte, soweit es ging, um den heißen Brei herumreden.

Sie fragte zwar nicht weiter nach, doch das Verhalten ihres Chefs behagte ihr nicht.

Sie hätte nämlich erzählen können, dass die junge Frau, die mit ihren beiden Söhnen kurte, hin und wieder ganz schön freche Blicke zu dem jungen alleinstehenden Vater herüberwarf. Das musste ja nichts Schlimmes bedeuten, wenn sich Kurgäste miteinander anfreundeten. Doch sie spürte, dass es ihrem Chef nicht gefallen hätte, wenn sie selbst diese doch eigentlich rührenden Augenblicke, wenn zwei Menschen sich auch ohne Worte verstanden, erzählt hätte.

Warum sie schweigen sollte, hatte er nicht gesagt. Und das genau machte ihr am meisten Sorgen. Er war sonst nicht so einer, der die Polizei belog. Ob er etwas mit dem Verschwinden der beiden Magolfs zu tun hatte? Sie hoffte, dass es nicht so war, und kümmerte sich darum, noch einmal Brötchen nachzufüllen, weil die Meute an diesem Morgen offensichtlich ganz besonders ausgehungert war. Das konnte daran liegen, dass Donnerstag war. Weil am Mittwochabend immer Ringelpiez mit Anfassen angesagt war, wie Lieselotte es heimlich nannte, weil sich alle auf dem Tanzboden in einem nicht weit entfernten Lokal verausgabten.

Einige sahen jetzt schon danach aus, als hätten sie die Nacht zum Tag gemacht. Und sie wollte gar nicht wissen, wer das mit wem getan hatte.

Der Esssaal wurde immer voller und die Stimmen schwebten wie ein summender Bienenschwarm über den Tischen. Drei Jahre noch, dachte Lieselotte, dann kann ich endlich aufhören. Sie wusste, dass sie das bunte Treiben und die Arbeit hier vermissen würde. Seit fünf Jahren lebte sie nach dem unerwarteten Tod ihres Mannes alleine. Die Arbeit war im Grunde das Einzige, was ihr noch geblieben war.

An der Rezeption fragte Eva gerade nach dem Manager und fügte hinzu, dass sie hier warten würde, bis sie mit ihm sprechen konnte. Nur für den Fall, dass er wieder nicht auffindbar sei.

Es dauerte keine zwei Minuten, und er stand vor ihr.

»Das ist schön, dass ich Sie erreiche«, sagte Eva. »Können wir uns irgendwo ungestört unterhalten?«

»Natürlich«, sagte er und sah sich suchend um. Das Stimmengewirr aus dem Speisesaal drang bis hieher. »Da drüben ist mein Büro, kommen Sie.«

Er lief voraus und Eva hatte den Eindruck, dass es eben um seine Mundwinkel nervös gezuckt hatte. Was hatte dieser Mann zu verbergen?

Als er schließlich die Tür seines Büros hinter ihnen schloss, wurde es stiller.

»Wie kann ich Ihnen denn behilflich sein?« Er hatte sich in seinen schwarzen Ledersessel fallen lassen und wippte jetzt darin kaum merklich vor und zurück.

»Ich würde gerne wissen, warum Sie mir verschwiegen haben, dass Thorsten Magolf und sein Sohn Bastian seit fast zwei Tagen vermisst werden und Sie nicht die Polizei eingeschaltet haben.«

Er runzelte die Stirn, als müsse er wirklich darüber nachdenken.

»Verschwiegen«, sagte er und grub seine schlanken Zeigefinger in das weiche Leder. »Also, so würde ich das wirklich nicht nennen, Frau Kommissarin.«

»Sondern?«

»Wie?«

»Wie würden Sie es dann nennen?«, wiederholte Eva.

»Na ja, Sie haben ja nicht nach den beiden gefragt. Es ging doch wohl eher um den grausigen Fund in Zimmer 137.«

Wollte er sie hier etwa veräppeln? Ruhig Blut, sagte Eva zu sich und sah aus dem Augenwinkel ein Gesicht neben sich, das eifrig nickte. Jürgen. Wurde sie jetzt etwa verrückt?

»Hören Sie«, fuhr sie fort und drückte ihre Augen ein paar Mal auf und zu, damit das Gesicht endlich verschwand, »als Sie die Magolfs vermissten, da wussten Sie noch gar nichts von der Hand in Zimmer 137. Also weichen Sie meiner Frage bitte nicht länger aus. Warum haben Sie das Verschwinden von Thorsten und Bastian Magolf nicht gemeldet und nach den beiden suchen lassen? Und darauf hätte ich jetzt gerne eine ehrliche Antwort.«

Seine Stirn legte sich in Falten, als dächte er über eine besonders gelungene und vor allem plausible Ausrede nach. Dann falte er die Hände vor dem Bauch.

»Es war keine böse Absicht«, begann er und wand sich offenbar noch immer. »Wissen Sie, man darf es ja nicht so laut sagen, aber es kommt schon hin und wieder vor, dass

Kurgäste ein paar Tage nicht hier, sondern eben in anderen Betten übernachten, wenn Sie verstehen, was ich meine.«

Meinte er das wirklich ernst?

»Ich glaube, ich verstehe nicht so ganz«, sagte Eva. »Schließlich haben Sie als Klinik auch eine gewisse Verantwortung für Ihre Kurgäste.«

Er nickte eifrig. »Genau das ist es ja«, fuhr er fort. »Wir sind verantwortlich, aber auf der anderen Seite auch keine Unmenschen. Sehen Sie, alle, die zu uns kommen, sind doch in irgendeiner Weise gestresst, ausgelaugt oder gar unglücklich. Und wenn sich da was ergibt, na, meine Güte, das ist doch nun auch wirklich kein Weltuntergang.«

Eva war noch nicht bereit, die Kröte zu schlucken.

»Gab es denn Hinweise darauf, dass Herr Magolf ... nun ja, sagen wir mal, auf Freiersfüßen auf der Insel unterwegs war und seine Bedürfnisse nicht hier in der Klinik ausleben konnte?«

Er warf ihr einen vernichtenden Blick zu.

»So, wie Sie das sagen, klingt es schmutzig. Aber Gefühle sind niemals etwas Verwerfliches.«

»Das mag ja sein. Aber Sie hatten nicht nur die Verantwortung für Herrn Magolf, sondern auch für seinen Sohn. Und wenn dem Jungen etwas passiert ist, dann sieht die Sache doch wohl ganz anders aus.«

Seine Mundwinkel gaben nach und verzogen sich nach unten.

»Sie haben ja Recht mit allem, was Sie sagen«, lenkte er schließlich ein. »Und es ist auch das erste Mal, dass jemand nicht wieder auftaucht. Wobei, es ist ja nicht gesagt, dass er nicht zurückkommt.«

»Na, Ihre Ruhe möchte ich haben. Auf jeden Fall sollten Sie sich jetzt mal bei Ihren Angestellten umhören, ob irgendjemand weiß, wo Herr Magolf sich aufhalten könnte. Es sei denn, es ist Ihnen lieber, wenn ich das gleich selber erledige.«

Erschrocken riss er die Augen auf.

»Nein, um Himmels willen, bitte kein weiteres Aufsehen. Die Sache mit der Hand reicht schon völlig. Wenn jetzt auch noch bekannt wird, dass ...«.

»Eben. Ich sehe, wir haben uns verstanden. Ich höre von Ihnen in spätestens zwölf Stunden, sonst frage ich selber nach.«

Sie stand auf und ging zur Tür, wo Sie ihm nochmal einen vielsagenden Blick zuwarf.

Das andere Zimmer

Das Zimmer, in dem Annika jetzt mit ihrer Tochter Anna die Sachen einräumte, lag im zweiten Stock und weit genug entfernt von Zimmer 137.

Es war hell und freundlich, doch wenn sie ehrlich war, dann wäre sie am liebsten sofort wieder abgereist nach dem schrecklichen Erlebnis.

Nur der Umstand, dass Anna sich bereits mit einem Jungen angefreundet hatte, ließ sie auf der Insel bleiben. Und die Alternative, wieder alleine mit ihrer Tochter in der Wohnung zu sitzen, war auch keine wirkliche Verlockung.

Ob es Zufall war, dass irgendjemand die Hand gerade in ihr Bett gelegt hatte? Sie hoffte es inständig. Und letztlich, wer wusste denn überhaupt, dass sie hier zur Kur sein würde? Und noch viel interessanter wäre ja auch die Antwort auf die Frage, wer ihr überhaupt etwas Böses hätte tun wollen?

Sie hatte darum gebeten, dass jemand vom Klinikpersonal als Erstes unter die Bettdecke sah, bevor sie sie selber anhob. Man hatte vollstes Verständnis dafür gehabt.

»Mama, wann gehen wir endlich raus?«, fragte Anna und holte sie aus ihren zerrissenen Gedanken.

»Gleich, mein Schatz«, antwortete Annika.

»Bekomme ich dann ein großes Eis?«

»Aber sicher.« Sie drückte ihrer Tochter einen Kuss auf die Wange.

»Gehen wir jetzt ...?«

»Na, du gibst ja sowieso keine Ruhe«, lachte Annika und zog ihre Sandalen über.

Auf dem Weg nach unten begegneten sie auch anderen Müttern, die mit ihren Kindern auf dem Weg ins Dorf waren. In der Regel sah man es daran, dass sie unbequeme Schuhe trugen oder zu enge Shirts. Sicher waren Frauen darunter, die eine Kur auch als willkommene Gelegenheit sahen, wieder an einen Mann zu kommen.

Bei Annika war das anders. Sie trug ihren dunkelblauen Jogginganzug, unter dem man ihre gute Figur nur erahnen konnte. Und wann sie das letzte Mal beim Friseur gewesen war, daran konnte sie sich kaum erinnern. Meistens band sie ihre Haare einfach mit einem Gummiband zusammen.

Was war aus der jungen hübschen Frau geworden, die ihr entgegenlächelte, wenn sie die Bilder von vor acht oder neun Jahren ansah, wo sie noch als Reisebegleiterin um die Welt gegondelt war?

Annika hatte aufgehört, darüber nachzugrübeln. Und so fiel sie immer tiefer in dieses dunkle Loch, aus dem sie hoffte, jetzt während der Kur wieder ein bisschen herausklettern zu können. Alleine um Annas willen. Das kleine Mädchen hatte eine glückliche lebensbejahende Mutter verdient.

Jedoch der Weg dahin schien Annika unüberbrückbar und steinig.

»Mama?«

»Ja, mein Schatz?«

»Können Fische eigentlich auch rückwärts schwimmen?«

»Wie?«

Sie beugte sich zu ihrer Tochter herunter. Diese war vor einem Plakat stehengeblieben, auf dem ein Fisch mit einem breiten Grinsemund zu einem gemütlichen Abend in ein Lokal einlud.

»Wieso sollte ein Fisch denn rückwärts schwimmen?«

»Autos können doch auch rückwärts fahren.«

»Aber das ist doch was ganz anderes. Fische drehen einfach um, wenn sie wieder nach Hause wollen.«

»Machen Autos ja auch.«

»Ich weiß ...«.

Sie zog ihre Tochter weiter mit sich, bis sie schließlich bei einem Eiscafé ankamen, wo noch ein Tisch frei war.

Anna studierte mit fachmännischem Kinderblick die Karte, um dann doch wieder ein großes Erdbeereis zu wählen. Annika entschied sich für einen Schokobecher.

Und während sie dann auf das Eis warteten, beschlich Annika das Gefühl, das jemand sie beobachtete.

Am Anfang war es nur ein unerklärlich unbehagliches Gefühl gewesen, dass da jemand war, der von irgendwoher zu ihnen herübersah. Manchmal meinte man ja, Augenpaare auf sich zu spüren, wenn man in der Öffentlichkeit unterwegs war. Und das wäre auch bestimmt nicht ungewöhnlich gewesen, denn es waren viele Menschen im Café und auf den Straßen.

Sie selber blieb mit ihrem Blick ja hin und wieder auch an Menschen hängen, die ihre Aufmerksamkeit mehr als nur einen flüchtigen Augenblick erregten. Und so konnte es bestimmt auch anderen Menschen gehen, wenn sie sie mit ihrer kleinen Tochter hier im Eiscafé sahen. Und daran wäre auch gar nichts Schlimmes gewesen. Wenn da nicht dieses unerklärliche Gefühl gewesen wäre, dass jemand mehr als nur oberflächlich über sie beide hinweggesehen hätte. Ja, wenn sich da nicht diese Gänsehaut in ihrem Nacken gebildet hätte, als sie sie sich schließlich unauffällig aber doch genauer hinsehend nach allen Seiten umsah.

Sie hätte nicht sagen können, wer von diesen vielen fremden Menschen um sie herum ein größeres Interesse an ihr gezeigt hätte. Doch sie wusste, dass jemand sie beobachtete. Das Gefühl wurde immer stärker. Und wäre da nicht die Bestellung und ihre kleine Tochter gewesen, die sich so sehr auf ihr Erdbeereis freute, Annika wäre ohne zu zögern aufgestanden und hätte sich in ihrem Zimmer verkrochen.

Die Korrektur

Eva saß natürlich wie auf Kohlen. Es ärgerte sie, dass sie es diesem Manager hatte durchgehen lassen, dass er sie angelogen hatte. Na ja, oder zumindest glaubte, sie an der Nase herumführen zu können.

Der Vorschlag, dass er zunächst mit seinen Angestellten sprechen konnte, bevor sie sie in die Mangel nahm, war diplomatisch aber machte sie im Nachhinein nervös. Eigentlich hätte sie die Sache lieber selbst in die Hand genommen.

Und bei dieser Erkenntnis war sie dann wieder bei der Hand gelandet, die man in dem Bett von Annika Bertram gefunden hatte. Bisher gab es noch kein Ergebnis zu der Frage, ob es sich dabei um die Hand des verschwundenen Thorsten Magolf handelte.

Eva mochte es nicht, wenn sie warten musste. Und jetzt, da Jürgen nicht mehr ständig um sie herumwuselte und beim Warten ein wenig ablenkte, war die Sache noch unerträglicher geworden.

Ob sie mal bei Ole anrief und nachfragte? Sie wusste, dass er es nicht mochte, wenn man ihn unter Druck setzte. Aber meine Güte, man konnte ja mal nachfragen. Schließlich ging es hier ja um was.

Also nahm sie ihr Handy und rief an.

»Ach Eva, du ...«, hörte sie nach dreimaligem Klingeln auf der anderen Seite.

»Ja, ich«, erwiderte sie. »Du, ich wollte wirklich nicht drängeln, aber ich meine, hast du schon was mit der Bürste anfangen können, die ich dir geschickt habe?«

»Die Bürste? Ach so, ja die Bürste.«

Was war denn mit Ole los?, dachte Eva. Er wirkte zerstreut und fahrig. Und er hatte sie nicht mal angemacht, weil sie ihn anrief, um nachzufragen. Da stimmte doch etwas nicht.

»Ich frage mich gerade, ob etwas nicht in Ordnung ist, Ole«, sagte sie dann auch.

»Hm ...«, druckste er herum. »Also, sagen wir es mal so ...«.

»Sagen wir was so? Ole, du sprichst in Rätseln.«

»Ach, was soll's, irgendwann erfährst du es ja doch«, sagte er schließlich zerknirscht. »Ich habe Mist gebaut.«

»Ist die Bürste etwa weg?«, fragte Eva erschrocken.

»Nein, das ist es nicht. Und es ist auch nicht die Hand von diesem Magolf.«

»Na, das ist doch eigentlich auch was«, sagte Eva, obwohl sie jetzt natürlich genauso schlau war wie vorher.

»Ja, das ist sicher.«

»Und was für einen Mist hast du gebaut?« Das konnte doch jetzt wirklich nicht mehr so schlimm sein.

»Na ja, ich habe mich bei der Hand vertan ...«

»Du willst jetzt aber nicht sagen, dass diese behaarte Hand einer Frau gehörte, oder?«

Ole musste das erste Mal während ihres Gesprächs herzlich lachen.

»Ne, das nicht ... aber ich habe mich zu voreilig mit dem Alter oder sagen wir besser, mit dem Todeszeitpunkt des Besitzers dieser Hand festgelegt.«

Eva erinnerte sich, dass er etwas von einer Spanne von ein bis zwei Tagen gesagt hatte.

»Und wovon darf ich jetzt ausgehen?«, fragte sie neugierig.

»Schwer zu sagen.«

»Jetzt verstehe ich nur noch Bahnhof ...«.

»Sie Sache ist die. Man hat die Hand wohl eingefroren, nachdem man sie abgeschlagen hatte.«

»Eingefroren?«

»Ganz genau. Nähere Untersuchungen deuten jetzt darauf hin. Und es tut mir leid, dass ich da etwas anderes gesagt habe, als ich auf Langeoog war.«

In Evas Hirn arbeitete es auf Hochtouren.

»Wie lange vorher könnte das denn schon gewesen sein?«, fragte sie vorsichtig.

»Hm ... vielleicht einen Monat oder ein halbes Jahr. Wenn man Leichenteile einfriert, halten die ja ewig.«

»Beruhigend zu wissen«, meinte Eva. Wenigstens auf Kühlschränke war Verlass. Aber die Theorie, dass es sich bei der Hand um die von Magolf handeln könnte, war im gleichen Atemzug gestorben. Und noch viel schlimmer war die Tatsache, dass es völlig unmöglich sein würde, den Mann, dem die Hand gehört hatte, noch zu finden. Denn wenn die Tat bereits vor einem halben Jahr oder eventuell vor noch längerer Zeit geschehen war, wie sollte man da noch nachforschen können?

Und die viel spannendere Frage war, warum tauchte sie jetzt gerade wieder auf? Und warum in dem Bett von Annika Bertram? Irgendwie keimte in Eva der Verdacht, dass es eine ganz persönliche Sache war.

»Eva, bist doch noch da?«

»Ja, Ole«, sagte sie schnell. »Ich danke dir für deine schnelle Arbeit, auch wenn man Magolf unter diesen neuen Gesichtspunkten ja sowieso hätte ausschließen können.«

»Ich hab die DNA der Hand an die Technik gegeben. Vielleicht ergibt sich ja was.«

»Das ist gut. Wir hören uns.«

Sie legten auf.

Auch wenn die Nachricht eigentlich wenig gebracht hatte, so war Eva doch beflügelt. Sie musste jetzt noch einmal mit Annika Bertram sprechen.

Warum Annika?

Als Eva bei der Klinik ankam, sagte man ihr, dass Annika nicht auf ihrem Zimmer sei. Und Anwendungen gebe es zurzeit auch keine. Also wäre sie wohl mit ihrer Tochter auf der Insel unterwegs. Vielleicht am Strand oder auch in einem Café. Das Wetter lud ja durchaus dazu ein.

Na ja, und da Eva schon mal hier war, klopfte sie kurz darauf wieder beim Manager an die Tür. Es kam keine Antwort. Und als sie die Klinke runterdrückte, war das Büro verschlossen.

Also machte Eva sich auf den Weg an den Strand, nachdem sie in ihrer Wohnung ihre Sandalen gegen die weißen Turnschuhe getauscht hatte. Warum nicht die Arbeit mit dem neuen Hobby, dem Joggen, verbinden.

Erwartungsgemäß waren eine ganze Menge Menschen am Strand unterwegs und genossen das schöne Wetter und die frische Brise, die vom Meer über ihre Köpfe hinwegrauschte.
Und natürlich joggte Eva unter diesen Umständen nicht. Es ist komisch, dachte sie, als sie ihren Blick über die Gesichter der Fremden schweifen ließ. Immer noch fühle

ich mich bei allem, was ich tue, unangenehm beobachtet, obwohl sich hier ganz bestimmt niemand für eine Frau wie mich interessiert. Es musste alles mit ihrer verkorksten Psyche aus frühen Kindertagen zu tun haben.

»Frau Sturm?«, hörte sie plötzlich hinter sich eine Stimme und drehte sich um.

»Herr ... oh, schön, Sie hier zu treffen«, murmelte sie völlig aus dem Konzept gebracht.

»Stiller«, half er lachend nach. »Machen Sie auch eine Pause?«

»Sieht es so aus?«

»Na ja, Sie tragen Joggingschuhe, deswegen ... ich habe Sie schon lange nicht mehr morgens im Café getroffen. Ich dachte schon, Sie wären vielleicht krank oder irgendwie unterwegs.«

»Ach so, stimmt. Ich arbeite gerade an einem Fall. Sicher haben Sie von der Sache in der Kurklinik gehört.«

Er nickte. »Wer hat das nicht. Wissen Sie denn schon, wem die Hand gehört?«

Es war also durchgesickert, dachte Eva genervt. Und dabei hatte sie darauf bestanden, dass die Presse keine Einzelheiten nannte.

»Wir sind uns leider noch nicht sicher«, antwortete sie.

»Das heißt, Sie haben eine Spur?«

»Na ja, wir arbeiten dran.«

Es entstand eine kurze Sprechpause, in der beide aufs Meer sahen.

»Mir gefällt es hier besser, wenn nicht so viele Menschen unterwegs sind«, sagte Stiller jetzt.

»Da sagen Sie was«, bestätigte Eva. »Doch manchmal lässt es sich nicht vermeiden.«

»Das heißt also, Sie ermitteln hier gerade?«, schloss er geistesgegenwärtig.

»Nicht direkt. Aber ich suche jemanden.«

»Oh, das klingt spannend.« Er sah auf seine Armbanduhr. »Schade, ich muss jetzt leider zurück zu meinem nächsten Termin.«

»So ist das eben …«. Eva war im Prinzip froh, dass er jetzt wieder abzog.

»Aber da Sie im Moment keine Zeit für einen Morgenkaffee haben, wie wäre es, wenn wir uns einmal abends zum Essen treffen?«, schlug er vor.

Auch das noch. Als ob ihr Leben nicht schon anstrengend genug wäre. Was sollte sie jetzt sagen? Eigentlich hatte sie nichts gegen ein nettes Abendessen zu zweit. Aber auf der anderen Seite konnte sie schlecht einschätzen, was er sich im Grunde davon versprach oder gar erhoffte.

Er jedenfalls schien ihre Gedanken lesen zu können.

»Frau Sturm, es ist nur ein harmloses Abendessen, mehr nicht«, sagte er lachend. »Nicht jeder, mit dem Sie es zu tun haben, führt Böses im Schilde.«

Sie lächelte.

»Na, wenn Sie das sagen ...«.

»Okay«, freute er sich über ihre indirekte Zustimmung. »Ich rufe Sie später in der Dienststelle an, wenn es Ihnen recht ist. So genau weiß ich nämlich nicht, wann ich heute aus dem Hotel komme.«

»Kein Problem, ich kenne das«, antwortete sie und sah ihm nach, wie er in der Menge verschwand.

Während Eva jetzt weiter den Strand entlanglief und nach Annika Ausschau hielt, wunderte sie sich, dass es immer wieder Männer gab, die tatsächlich Interesse an ihr hatten.

Dann endlich entdeckte sie Annika in einiger Entfernung, die mit ihrer Tochter, die mit dem Bau einer Sandburg schwer beschäftigt schien, auf einem kleinen Hügel in der Nähe des Strandes saß und aufs Meer hinaussah. Sie wirkte völlig abwesend, selbst als Eva praktisch direkt vor ihr stand, schien sie nicht zu reagieren.

»Frau Bertram?«, begann Eva.

»Ja?«

Annika hielt ihre Hand schützend über ihre Augen, um sie gegen die Sonne sehen zu können.

»Eva Sturm, wir haben uns bereits in der Klinik unterhalten.«

»Ja, ich erinnere mich.« Annika stützte sich ab und kam auf die Beine.

»Ich möchte mich gerne noch einmal mit Ihnen unterhalten.«

»Sicher. Worum geht es denn?«

»Wir können uns ruhig wieder setzen«, schlug Eva vor, »dann kann ihre Tochter weiter im Sand spielen.«

Also gingen jetzt beide runter und setzten sich in den hellen Sand.

Als Eva den feinen weichen Sand zwischen den Fingern spürte, musste sie daran denken, wie schnell doch die Zeit verging.

»Mich beschäftigt immer noch die Frage, warum man die Hand ausgerechnet in Ihrem Bett platziert hat«, begann Eva.

»Das ist sicher ein Zufall«, sagte Annika schnell.

»Tja, davon ging ich zunächst auch aus«, fuhr Eva fort. »Aber es hat sich herausgestellt, dass die Hand nicht …«. Wie sollte sie es jetzt ausdrücken, dass die Hand nicht frisch abgeschlagen, sondern vor einiger Zeit eingefroren worden war, ohne dass Annika aufschrie vor Schreck und

Ekel und nach der Hand ihrer Tochter griff und mit dieser das Weite suchte?

»Was hat sich herausgestellt?«, fragte Annika vorsichtig.

»Nun ja, erschrecken Sie jetzt bitte nicht, aber die Hand war einige Zeit, bevor sie in Ihrem Bett gelandet ist, tiefgefroren.«

Annika schlug die Hand vor den Mund.

»Nein«, sagte sie dann. »Das ist ja ekelhaft.«

»Das finde ich auch. Und deshalb glaube ich jetzt ehrlich gesagt nicht mehr an einen Zufall. Ich meine, dass sie ausgerechnet in Ihrem Bett platziert worden ist.«

»Verstehe«, sagte Annika und sah zu ihrer Tochter, die von der Unterhaltung zum Glück nichts mitbekommen hatte. »Sie denken, dass jemand die Hand ganz bewusst zu mir ins Bett gelegt hat.«

Eva nickte.

»Aber woher sollte derjenige denn wissen, wann er sie ... auftauen musste. Ich meine, er konnte doch nicht wissen, dass ich hier nach Langeoog zur Kur fahre. Oder?«

Das ganze Ausmaß ihrer Feststellung wurde Annika im gleichen Atemzug klar. Es gab da jemanden, der genau wusste, wann sie nach Langeoog fahren würde. Und dieser jemand hatte die Hand aufgetaut und in ihr Bett gelegt, um sie zu erschrecken, wenn nicht gar verrückt zu machen.

»Das Ganze muss gar nichts weiter bedeuten«, sagte Eva schnell, die bemerkt hatte, dass Annika kalkweiß im Gesicht geworden war. »Doch ich gehe jetzt davon aus, dass jemand ein Problem mit Ihnen hat. Haben Sie vielleicht eine Idee, wer das sein könnte?«

Annika schloss die Augen und vergrub ihr Gesicht in den Händen.

»Es gibt nicht so viele Menschen, zu denen ich überhaupt noch Kontakt habe«, flüsterte sie. »Ich habe eine verdammt schwere Zeit hinter mir.«

»Das tut mir leid«, sagte Eva.

»Danke.«

Jetzt sah Annika wieder auf.

»Wissen Sie, es war nicht so leicht für mich, plötzlich eine alleinstehende Mutter zu sein. Eigentlich stand ich mit Beinen mitten im Leben, wie man immer so schön sagt. Ich hatte einen tollen Job in einem Reisebüro, war ständig in der ganzen Welt unterwegs und dann ... dann war plötzlich alles vorbei.«

Eva reimte sich zusammen, dass sie nicht freiwillig Mutter geworden war.

»Nicht, dass Sie denken, ich würde Anna nicht lieben.« Ihr Blick wanderte zu dem kleinen Mädchen, das sich jetzt in den Sand gelegt hatte und in der wärmenden Sonne eingeschlafen war. »Sie ist das größte Glück, das mir je widerfahren ist, das weiß ich jetzt.«

»Was ist denn mit dem Vater?«, wagte Eva sich vor.

»Er war meine große Liebe, doch als Anna dann unterwegs war, da war plötzlich alles anders. Er hat mich mit allem alleine gelassen.«

»Verstehe. Und wie ist es jetzt? Zahlt er wenigstens für sein Kind?«

Annika schüttelte mit dem Kopf. »Nein, ich habe ihn nie wiedergesehen. Am Anfang tat es verdammt weh. Es gab eine Zeit, da war ich selber drauf und dran, Anna nicht mehr … doch das ist jetzt egal. Ich habe die schlimme Zeit überstanden und komme zurecht.«

»Wenn es Ihnen recht ist, würde ich mich trotzdem gerne nach Annas Vater erkundigen«, sagte Eva und drückte Annikas Hand. »Als Ermittlerin muss ich alle Aspekte in Betracht ziehen.«

»Aber Sie denken doch wohl nicht, dass Mathias etwas damit zu tun hat?«

»Mathias ist Annas Vater?«

»Ja. Aber er würde so etwas niemals tun. Da bin ich ganz sicher.«

»Sie haben sicher recht, doch ich darf nichts außer Acht lassen, das verstehen Sie bestimmt.«

»Natürlich. Er heißt Mathias Schwenniger. Zuletzt wohnte er in Goslar, wo ich auch lebe. Aber ob er dort noch lebt, das weiß ich natürlich nicht.«

»Kein Problem, das finde ich raus. Und wie gesagt, dass ich nach ihm suche, dient nur dazu, ihn aus dem Kreis der Verdächtigen ausschließen zu können.«

»Verdächtige«, wiederholte Annika. »Das klingt alles so verrückt.«

»Das ist es wohl auch. Wenn solche Dinge passieren, dann kann man es wohl nie als normal bezeichnen.«

Eva erhob sich aus dem Sand und schüttelt den Staub von ihrer Hose.

»Sie können jederzeit zu mir kommen, wenn Sie reden wollen«, sagte sie und wandte sich bereits zum Gehen, als auch Annika vom Boden hochkam.

»Ich muss Ihnen noch etwas sagen, Frau Sturm.«

»Ja?«

»Ich habe das Gefühl, dass mich jemand beobachtet ... aber vielleicht ist es auch nur ein Hirngespinst, eben weil das alles passiert ist.«

»Beobachtet? Seit wann?«

»Eigentlich erst seit Kurzem, als ich mit meiner Tochter in einem Eiscafé war.«

»Und wer beobachtet Sie?«

»Das weiß ich nicht. Ich habe niemanden Konkretes gesehen. Es war mehr so ein Gefühl. Vielleicht ist es auch nur Einbildung, aber ...«.

»Wir sollten das Ganze zwar nicht überbewerten, aber auch nicht auf die leichte Schulter nehmen«, sagte Eva.

Sollte sie vielleicht einen Kollegen vom Festland kommen lassen, der Annika Schutz bot? Nie und nimmer würde sie so einen exclusiven Personenschutz in Osnabrück durchkriegen, das war ihr sofort klar. Aber was sollte sie dann tun?

»Hören Sie«, sagte sie nach kurzer Denkpause. »Auch wenn es nur so ein Gefühl ist, so mache ich mir doch Sorgen um Sie. Und in der Klinik wird man Sie nicht rund um die Uhr betreuen können.«

»Sie meinen, ich sollte lieber abreisen?«

»Nein, natürlich möchte ich nicht, dass Sie ihren Aufenthalt hier abbrechen. Schon alleine der Spaß, den Ihre kleine Tochter hier hat, ist jeden Augenblick wert. Ich werde mal sehen, was ich machen kann, damit Sie sich hier sicherer fühlen.«

»Danke, das ist wirklich nett.«

Eva verabschiedete sich und ging Richtung Touristinformation.

Soko Eva und Jürgen

Eva hatte Jürgen nicht in der Touristinfo angetroffen und war in die Dienststelle gegangen.

Dort gab sie jetzt den Namen Mathias Schwenniger in den Rechner ein.

Es stellte sich heraus, dass er mittlerweile in Düsseldorf lebte und in einer Drei-Zimmer-Wohnung eines Reihenhauses wohnte. Offensichtlich alleine, denn es war kein weiterer Name zu der Wohnung registriert.

Doch das musste natürlich nichts heißen.

Als sie unter der angegebenen Rufnummer anrief, ging niemand ran.

»Verfluchter Mist«, schimpfte Eva und schlug mit der flachen Hand auf den Schreibtisch.

»Na, da komme ich wohl gerade recht.«

»Jürgen? Seit wann bist du denn hier?«

Eva lief rot an.

»Keine Angst, ich bin eben erst reingekommen, ich hab nicht gesehen, wie du in der Nase gepopelt hast.«

»Sehr witzig.«

Sie sahen sich an und es fühlte sich an wie früher, dachte Eva wehmütig. Damals, als sie ihre Fälle noch gemeinsam gelöst hatten.

»Ich hab gehört, dass du nach mir gefragt hast«, fuhr Jürgen fort. »Da dachte ich, ich komme mal vorbei.«

»He, das ist wirklich nett von dir«, sagte Eva aufrichtig. »Ich weiß im Moment nicht mehr, wo mir der Kopf steht. Diese verfluchte Hand ...«.

»Ja, ich weiß, eine Hand zu viel im Spiel.«

Er grinste.

»Du wirst dich nie ändern.« Eva rollte gespielt mit den Augen.

»Das erwartet auch niemand von mir. Aber wie kann ich dir denn helfen?«

»Tja, am besten, du setzt dich erst mal hin.« Sie zeigte auf den Stuhl vor ihrem Schreibtisch.

Jürgen war so unkompliziert, dass es ihr fast leidtat, dass sie ihn so lange nicht in der Touristinfo aufgesucht hatte. Er schien längst über sie hinweg zu sein und sah ausgesprochen zufrieden, ja fast glücklich, aus.

»Also, die Sache mit der Hand ist das eine«, fuhr sie fort. »Es hat sich jetzt aber herausgestellt, dass der Besitzer der Hand wohl schon eine ganze Weile ohne sie auskommen muss.«

Jürgen zog die Augenbrauen hoch.

»Sie war eingefroren«, erklärte Eva. »Jemand hat einem anderen die Hand abgehackt und sie dann in die Kühltruhe gelegt.«

»Wie abartig«, meinte Jürgen und verzog den Mund. »Gleich neben den Schnitzeln und dem Leipziger Allerlei, nehme ich an.«

»Kann schon sein. Aber deshalb kann es nicht die Hand von Thorsten Magolf sein.«

»Wenn er noch beide Hände hat, dann wohl nicht. Aber das hättest du doch auch schon vorher wissen können ...«.

»Tja, wenn er nicht verschwunden wäre, dann wohl, lieber Jürgen.«

»Verschwunden? Hier auf Langeoog? Davon weiß ich ja gar nichts.«

»Das ist auch der Plan. Aber so lange weiß ich auch noch nicht, dass er weg ist. Oder besser gesagt verschwunden. Er jedenfalls war in der gleichen Kurklinik wie Annika. Das ist die junge Frau, bei der man die Hand im Bett gefunden hat.«

»Und die ist auch in der Kurklinik, verstehe.«

»Exakt. Also haben wir einen verschwundenen Vater mit seinem Sohn und eine Hand, die eingefroren war, also nicht ihm gehörte. Und dazu noch eine junge Mutter mit ihrer Tochter, die sich verfolgt oder besser gesagt, beobachtet fühlt. Ich hoffe, du verstehst jetzt ansatzweise, in welchem Schlamassel ich stecke.«

»Hört sich echt nach einem Fall für die Soko Jürgen und Eva an«, sagte er lachend.

»Ganz genau«, stimmte Eva in die gute Laune mit ein.

»Wie in alten Zeiten ...«.

Er sah sie offen an.

»Ja, die guten alten Zeiten«, sagte Eva. »Doch wir wollen nicht zurückschauen, sondern nur noch nach vorne«, ergänzte sie schnell, bevor ihr das Ganze hier zu sentimental wurde.

»Das hört sich an, als sollten wir mal wieder Pizza essen gehen, um alles zu besprechen«, meinte Jürgen und sah auf die Uhr.

»Ja, warum nicht«, meinte Eva. »Hunger habe ich auch.«

»Kein Wunder, wenn du nur noch Salat isst«, meinte er. »Hast ganz schön abgenommen.«

»Wie immer charmant«, griente Eva und sie gingen gemeinsam zur Tür, während sie sich bei ihm unterhakte.

Der Kellner, der sie sonst regelmäßig gemeinsam bedient hatte, rieb sich die Augen, als er sie so einträchtig schon wieder an ihren üblichen Tisch schlendern sah. Dann eilte er zu ihnen.

»Wie immer«, sagte Jürgen, als hätte es die Zeit dazwischen ohne Eva gar nicht gegeben.

»Kommt sofort«, sagte der Kellner und verschwand mit einem Lächeln auf dem Gesicht.

»Ich möchte gar nicht wissen, was der jetzt denkt«, raunte Eva über den Tisch. »Aber das soll uns jetzt auch nicht stören. Wir müssen uns um den Fall kümmern.«

»Genau, was soll ich tun?«

Im nächsten Moment standen bereits eine Flasche Chianti und zwei Gläser auf dem Tisch.

»Geht aufs Haus«, sagte der Kellner und schenkte ein.

Eva und Jürgen stießen an.

»Es geht um Annika, die junge Mutter«, fuhr Eva dann fort. »Ich sagte ja vorhin schon, dass sie sich beobachtet fühlt. Vielleicht ist sie in Gefahr.«

»Ich soll sie also im Auge behalten«, schaltete Jürgen sofort.

Eva nickte. »Aber nur, wenn es dir nichts ausmacht.«

»Natürlich nicht. Wenn ich ehrlich bin, dann habe ich die Polizeiarbeit schon ein wenig vermisst«, gab er zu. »Ganz schön langweilig, den ganzen Tag nur Inselpläne ausgeben.«

Eva lachte. »Du bist unverbesserlich. Ja, du könntest dich ein wenig um Annika und ihre Tochter kümmern. Aber diskret natürlich.«

»Klaro. Ich bin praktisch unsichtbar, wenn es sein muss.«

»Ich denke, wenn sie in der Klinik ist, wird ihr schon nichts passieren ...«.

»Außer, dass man ihr abgehackte Hände ins Bett legt.«

»Du hast recht. Aber das muss passiert sein, bevor sie in die Klinik gekommen ist. Sie hat sie gleich nach ihrer Ankunft entdeckt.«

»Also wusste jemand von ihrem Aufenthalt.«

»Ganz genau. Jemand wusste, dass sie kommt und in welchem Zimmer sie untergebracht ist.«

»Dann kann es doch nur jemand von der Kurklinik gewesen sein«, meinte Jürgen.

»Daran habe ich auch schon gedacht. Und der Manager und seine Frau sind auch irgendwie merkwürdig und lügen mich sogar an.«

»Ach was? Na, die trauen sich was?«

»Sehr witzig. Aber mal im ernst, sie haben gelogen und mir verschwiegen, dass Thorsten Magolf verschwunden ist.«

»Echt dreist. Aber warum?«

»Das weiß ich nicht. Sie behaupten, sie wollten ihren guten Ruf der Klinik nicht in Misskredit bringen. Und der Manager meint, das käme gar nicht so selten vor, dass sich Kurgäste mit Inselbewohnern oder Urlaubern verbandeln und dann dort ein paar Nächte verbringen.«

»Klingt doch auch menschlich.«

»Schon. Könnte auch stimmen. Aber auf der anderen Seite hat er einen kleinen Sohn bei sich. Da müsste doch irgendjemandem etwas auffallen, wenn plötzlich zwei Gäste mehr im Hotel aus dem Zimmer kommen und am Frühstückstisch sitzen.«

»Klar. Also sind sie wohl irgendwo privat untergetaucht.«

»Tja, und dann versuche mal, sie zu finden bei den vielen Menschen, die jetzt hier unterwegs sind.«

»Praktisch unmöglich.«

»Hm ... und ich möchte jetzt auch keine Großfahndung nach den beiden ausrufen.«.

Die Pizza, für Jürgen wie immer mit doppelt Käse, wurde geliefert.

»Dann guten Appetit«, sagte Jürgen und schnitt seine Pizza in der Mitte durch.

Es machte Eva Freude, ihn heimlich beim Essen zu beobachten. Auch wenn sich ihre Gefühle für ihn verändert hatten, so war er ein guter Freund geblieben, den sie nicht hätte missen mögen. Vielleicht hatten sie den Abstand, der in den letzten Monaten zwischen ihnen gewesen war, gebraucht, um jeder auf seine Weise mit der neuen Situation klarzukommen.

»Wie ich sehe, lassen Sie es sich schon gut gehen«, hörte sie plötzlich eine Stimme neben sich.

Stiller.

»Oh, ich ...«, stotterte Eva und ließ beinahe ihre Gabel fallen.

»Kein Problem«, sagte er. »Aber jetzt ist mir auch klar, warum ich Sie nicht in der Dienststelle erreicht habe. Ich wünsche Ihnen beiden noch einen angenehmen Abend.«

»Danke.«

Eva wusste einfach nichts anderes zu sagen.

Hendrik Stiller nickte ihr noch einmal zu und ging dann zu einem der hinteren Tische, wo er sich alleine setzte.

»War das nicht der Mann, mit dem du neuerdings immer Kaffee trinkst?«, fragte Jürgen pragmatisch.

Eva lachte. »Ja, so könnte man es auch sagen. Aber von immer ist da wirklich nicht die Rede. Wir treffen uns zufällig, wenn ich mich nach dem Joggen mit einem Hörnchen und einem Milchkaffee belohne.«

»Und er joggt nicht?«

»Keine Ahnung, danach habe ich noch nicht gefragt.«

»Jetzt sitzt er alleine da hinten am Tisch. Er hätte sich doch auch zu uns setzen können.«

»Ja, du hast recht. Ich hab mich sicher ziemlich bescheuert benommen.«

»Ach, das kenn ich ja.«

»Blödmann. Aber jetzt hole ich ihn nicht mehr zurück. Wie sähe das denn aus?«

»Er wird drüber hinwegkommen.«

»Eben. Schaffen andere auch.«

»Eins zu null für dich, Eva«, lachte Jürgen. »Ach, die Pizza schmeckte mal wieder wunderbar.« Er schob den leeren Teller von sich. »Jetzt könnte ich einen Schnaps vertragen. Du auch?«

Eva nickte und Jürgen winkte nach dem Kellner. Dieser hatte verstanden und kam kurz darauf mit einem Klaren zu ihnen an den Tisch. Er hatte sich selber auch einen eingeschenkt und stieß mit ihnen an. Zur Feier des Tages, wie er meinte und Eva wurde das Gefühl nicht los, dass er mehr in diesem Abend sah, als er eigentlich war.

»Noch auf einen Wein bei mir?«, fragte Eva, als sie gemeinsam am Strand entlanggingen und es sich verdammt nach alten Zeiten anfühlte.

»Warum nicht«, sagte Jürgen und hakte sich bei ihr unter.

Das erste Mal in ihrem Leben hatte Eva das Gefühl, dass sie einem Menschen vertrauen konnte. Bedingungslos.

Am Strand

Es roch anders und ihm war kalt. Thorsten Magolf brauchte einen Moment, bis er zu sich kam. Dann fühlte er den klammen Sand unter sich. Das Nächste, was er wahrnahm, war das Rauschen des Wassers. Wie von einer lang durchzechten Nacht benebelt, nahm er seine Umgebung wie durch einen Schleier wahr, als er sich langsam aufrichtete. Wie um Himmels willen war er hierher gekommen? Er konnte sich nicht erinnern.

Bastian! Wo war Bastian?

Es war noch nicht hell, so dass er nur schemenhaft etwas neben sich liegen sah, von dem er inständig hoffte, dass es Bastian war.

»Bastian«, flüsterte er und griff nach dem undefinierbaren Bündel. Es fühlte sich tatsächlich wie ein Mensch an.

Thorsten riss sich zusammen, auch wenn sein Schädel brummte. Er zog sich hoch und kam in die Hocke. Jetzt spürte er genau, dass es Bastian war, der da neben ihm im Sand lag.

»Bastian!«, rief er jetzt völlig klar.

»Papa?«

Der Junge war wach geworden und seine Stimme klang wie von einem anderen Stern. So ängstlich und gar nicht von dieser Welt. Was war nur mit ihnen beiden geschehen?

»Bastian, oh mein Gott.«

Thorsten legte jetzt beide Arme um den Jungen und zog ihn an sich. Er drückte ihn und ein Gefühl, das sich nicht in Worte fassen ließ, umklammerte sein Herz. Er weinte vor Glück. Sein Sohn lebte. Alles andere war in diesem Moment egal.

Plötzlich war er wieder der beschützende Vater. Sein brummender Schädel, seine Schmerzen in den Beinen, alles war ihm egal. Das Einzige, was zählte, war, dass Bastian noch da war.

»Komm, wir müssen in die Klinik«, sagte er mit matter Stimme und zog seinen Sohn mit sich hoch.

»Papa, was ist passiert?«, fragte der Junge. »Ich hab so einen Durst.«

»Gleich wird alles wieder gut«, sagte Thorsten.

Und so verschwanden zwei Gestalten hinter den Dünen. Sie wussten nicht, dass jemand ganz genau beobachtet hatte, was hier vor noch wenigen Stunden geschehen war.

Der Beobachter zog seine Jacke fester um sich und schlug die entgegengesetzte Richtung ein.

Dejà vu

Eva grinste in sich hinein, als sie aufwachte. Sie hörte, wie Jürgen im Schlaf sprach. Das war neu. Er war am gestrigen Abend, nachdem sie noch eine Flasche Weißwein zusammen getrunken hatten, einfach bei ihr in der Wohnung geblieben und hatte auf der Couch im Wohnzimmer geschlafen.

Auf Zehenspitzen schlich Eva weiter zum Bad.

Eigentlich war die ganze Situation zum Schreien komisch. Sie waren wieder dort angelangt, wo sie einmal angefangen hatten.

Sie ließ das warme Wasser lange über ihren Rücken laufen. Wie würde es jetzt wohl weitergehen? Ihre Beziehung, die sie jetzt zueinander hatten, fühlte sich total entspannt an. Er hatte ihr sogar mit leuchtenden Augen von Gunda erzählt, als er gemerkt hatte, dass sie gerne mehr über die neue Frau in seinem Leben erfahren wollte. Sie musste eine wirklich nette Person sein. Schade nur, dass sie sich so schwer entscheiden konnte, zu ihm auf die Insel zu kommen. Aber vielleicht war es so mit Frauen auf dem Land, dachte Eva und grinste wieder in sich hinein.

Als sie in die Küche kam, hatte Jürgen bereits den Kaffee angesetzt und das Wohnzimmer aufgeräumt.

»Morgen Eva, hast du gut geschlafen?«, fragte er, als sei es das Natürlichste auf der Welt, dass er jetzt den Tisch in ihrer Wohnung deckte.

»Doch, eigentlich wie ein Murmeltier«, gab sie zu.

»Das freut mich. Dein Sofa war allerdings etwas unbequem, wenn ich ehrlich sein darf. Irgendwas hat mich da andauernd in den Rücken gepiekst.«

»Das war sicher das schlechte Gewissen Gunda gegenüber. Sowas macht man doch nicht, bei fremden Frauen übernachten.« Sie kicherte.

»Du wirst dich wundern. Aber ich werde ihr davon erzählen, wenn ich nachher mit ihr telefoniere.«

»Das ist verdammt richtig«, meinte Eva und setzte sich an den Küchentisch. »Beziehungen, in denen Lügen an der Tagesordnung sind, haben selten Bestand.«

»Das sehe ich auch so. Und es ist ja auch nichts Schlimmes passiert.«

Er goss beiden Kaffee ein und setzte sich zu ihr.

»Dein Handy hat übrigens dreimal geklingelt, als du im Bad warst.«

»Echt? Und das sagst du erst jetzt?«

»Die Zeiten sind vorbei, dass ich dir ins Bad folge.« Er lachte.

Eva nahm ihr Handy und sah, dass der Hotelmanager versucht hatte, sie zu erreichen. Das erste Mal um 7.23

Uhr. Was um Himmels willen wollte er denn schon so früh von ihr? Da musste etwas passiert sein. Sie drückte die Rückruftaste.

»Das gibt es doch nicht«, sagte sie nach kurzem Hin und Her. »Ich bin gleich bei Ihnen.«

»Was ist los?«, fragte Jürgen interessiert.

»Thorsten Magolf und sein Sohn sind wieder aufgetaucht.«

»Lebendig?«

»Ja, zum Glück. Ich werde gleich zur Kurklinik rübergehen.«

»Und mein Auftrag, auf Annika aufzupassen?«

»Der hat nach wie vor höchste Priorität«, antwortete Eva.

»Okay. Dann komme ich am besten gleich mit zur Klinik.«

»Na ja, so auffällig sollte man eine verdeckte Ermittlung nun auch wieder nicht angehen«, lachte Eva. »Sagen wir, du kommst zehn Minuten später und postierst dich einfach in der Nähe. Und sobald Annika mit ihrer Tochter die Klinik verlässt, dann folgst du ihr unauffällig.«

»Ja gut. Aber woran erkenne ich sie denn eigentlich?«

»Hm ... stimmt. Warte.«

Eva dachte nach. Sie hatte kein Foto von Annika. Also beschrieb sie Jürgen, so gut es ging, eine junge blonde Frau mit einer kleinen Tochter, von denen es sicher eine ganze Menge gab.

»Sobald ich mit dem Magolf gesprochen habe, werde ich mit dir warten, bis Annika rauskommt und sie dir zeigen.«

In der Klinik wirkte alles normal, als Eva eintraf. Aber was hatte sie auch erwartet? Bestimmt hatte der Manager kein großes Aufheben davon gemacht, als Thorsten Magolf und sein Sohn plötzlich in der Tür gestanden hatten.

Sie klopfte jetzt an seine Tür und augenblicklich wurde von innen geöffnet.

»Gut, dass Sie sofort kommen konnten«, sagte der Manager und zog sie mit in sein Büro. Bevor er die Tür schloss, sah er sich noch einmal suchend im Flur um.

»Wo sind die beiden?«, fragte Eva ohne Umschweife.

»In ihrem Zimmer. Sie werden von meinen Angestellten versorgt.«

»Dann lassen Sie uns auch dorthin gehen. Ich muss sofort mit dem Mann sprechen.«

»Natürlich.«

Er eilte ihr voraus in den zweiten Stock, wo das Zimmer der Magolfs lag.

Es war Zimmer Nummer 139. Also nur zwei Türen weiter als das von Annika, in dem die Hand gefunden worden war, registrierte Eva, bevor sie mit dem Manager hineinging.

Eine Frau im weißen Kittel hörte gerade den Puls des Jungen ab.

»Alles in Ordnung«, sagte sie, als sie die Stöpsel des Stethoskops wieder aus ihren Ohren zog.

»Dann ist ja alles gut«, murmelte der Manager, der leicht fahrig wirkte beim Anblick der Magolfs.

Thorsten Magolf saß auf seinem Bett und hatte einen Arm um seinen Sohn gelegt.

»Hat man Ihnen schon etwas zu essen gebracht?«, fragte der Manager überflüssigerweise, weil ein Tablett mit Brötchenkrümeln und leeren Tassen auf dem Tisch stand.

»Ja, vielen Dank«, antwortete Thorsten Magolf und sah zu Eva, die er offensichtlich nicht in dieses Szenario einordnen konnte.

»Eva Sturm«, sagte sie, als sie seinen prüfenden Blick auf sich spürte, »Kripo Langeoog. Ich möchte Ihnen gerne ein paar Fragen stellen, wenn das in Ordnung ist.«

»Sicher«, antwortete Thorsten Magolf.

Eva warf einen Blick in Richtung Frau in weißem Kittel und diese nickte.

»Okay, wenn Sie uns dann bitte alleine lassen könnten«, meinte Eva und sah zum Manager.

Die Frau im Kittel und dieser verschwanden kurz darauf.

Eva zog sich einen Stuhl heran und setzte sich Thorsten Magolf und seinem Sohn gegenüber hin.

»Ich weiß nicht, was passiert«, kam Magolf ihrer Frage zuvor.

Eva zog die Stirn in Falten. »Wie darf ich das verstehen?«

»Sie wollen sicher wissen, wo wir gewesen sind«, er sah zu seinem Sohn.

»Und Sie behaupten, Sie wissen es nicht?«

Er nickte. »Ich weiß nur, dass ich irgendwo gefangen gehalten wurde, aber ich weiß nicht wo und auch nicht warum. Und dann heute Morgen bin ich am Strand aufgewacht.«

»Sie müssen zugeben, dass das Ganze ein wenig abenteuerlich klingt«, meinte Eva.

»Das stimmt. Aber mehr kann ich Ihnen nicht dazu sagen.«

»Aber sie waren in der Lage, hierher zu laufen?«

»Ja, auch wenn ich einen fürchterlichen Brummschädel hatte. Doch mittlerweile geht es wieder, nachdem wir etwas zu essen und einen warmen Tee bekommen haben. Man hat sich sehr um uns gekümmert heute Morgen.«

Tja, nur vorher hat man drauf geschissen, wo ihr wart, dachte Eva und schickte einen bösen Gedanken Richtung Manager.

»Aber Sie können sich doch sicher daran erinnern, was vor Ihrer, na, nennen wir es ruhig erst mal Entführung, geschehen ist. Wo haben Sie sich aufgehalten? Was haben Sie und Ihr Sohn gemacht?«

Thorsten Magolf sah sie lange nachdenklich an.

»Sie können sich gar nicht vorstellen, wie oft ich mir in den letzten Stunden darüber den Kopf zerbrochen habe«, sagte er schließlich. »Das Einzige, was ich ganz sicher weiß, ist, dass ich getanzt habe.«

»Wie bitte? Sie haben getanzt?«

»Ja. So merkwürdig sich das auch anhört. Ich habe getanzt. Und zwar in dem Lokal, wo sich die Kurgäste mittwochs immer treffen.«

»Aber Ihr Sohn war doch nicht dabei, oder?«

»Nein. Er war hier und hat geschlafen. Jedenfalls gehe ich davon aus.« Er strich dem Jungen über den Kopf, der bisher keinen Ton von sich gegeben hatte.

»Stimmt es, was dein Papa sagt? Hast du geschlafen?«, fragte Eva und der Junge nickte.

Sie spürte, dass es noch eine Weile dauern würde, bis man ihn befragen konnte. Und ganz sicher würde das nicht ohne psychologische Betreuung gehen. Der Junge wirkte zwar gesund, aber apathisch. Im Grunde war es ein Wunder, dass die Frau im weißen Kittel ihn nicht schon längst mitgenommen und in psychologische Obhut gegeben hatte.

»Vielleicht wäre es besser, wenn Ihr Sohn woanders untergebracht wird«, sagte Eva vorsichtig.

Thorsten Magolf griff noch fester nach der Hand seines Sohnes.

»Nur über meine Leiche«, sagte er mit Inbrunst in der Stimme aber doch so unterdrückt, dass nur Eva es wirklich hören konnte.

»Wie Sie meinen«, erwiderte sie. »Aber vielleicht könnte er dann so lange in einer anderen Ecke spielen, während wir uns unterhalten. Mir ist nicht wohl dabei, wenn er alles mitbekommt.«

»Sicher, da könnten Sie recht haben. Bastian, willst du nicht ein wenig auf deinem Bett liegen und schlafen?«, fragte er den Jungen jetzt. Und wie in Trance glitt der Junge vom Bett des Vaters und legte sich auf seines, wo er die Decke bis unters Kinn über sich zog.

»Es wird eine Weile dauern«, sagte Eva. »Und jetzt müssen Sie mir wirklich alles erzählen, an das Sie sich erinnern können.«

Thorsten Magolf setzte bei dem Zeitpunkt nach dem Abendessen an, wo sich alle am Mittwoch noch kurz auf ihr Zimmer zurückzogen, bevor es dann zum Tanzen ging. Das jedenfalls galt für die, die Lust dazu hatten. So hatte er vom Küchenpersonal erfahren. Sie machten sich frisch, schliefen noch ein wenig, weil die Nacht lang werden würde. Jedenfalls für so manchen von ihnen. Als er das schilderte, wirkte sein Gesicht wie eine Maske. So, als habe das Ganze überhaupt nichts mit ihm zu tun. Und Eva war sich sicher, dass ein junger alleinstehender Mann sich auf den Abend mit ein wenig Abwechslung, vielleicht sogar in netter weiblicher Gesellschaft, gefreut hatte. Doch davon war nichts mehr zu spüren.

»Gegen neunzehn Uhr habe ich dann unser Zimmer verlassen. Bastian lag bereits im Bett und hat geschlafen. Er war so müde vom Tag am Strand. Die frische Luft, sie tut ihm gut.«

Eva nickte bestätigend.

Dann führ Thorsten Magolf fort.

Er sei bei weitem nicht der Erste gewesen, der in dem Tanzcafé angekommen sei. Die meisten Plätze waren schon besetzt gewesen. Und so gesellte er sich zu einer Runde, die er bisher nur vom Sehen kannte.

Die Musik war gut, es wurde viel getanzt und gelacht. Und schließlich habe er sich immer mehr einer Frau zugewandt, die Sabrina hieß. Mehr wusste er nicht. Nur, dass sie auch mit ihrer Tochter zur Kur war. Doch gegen zehn sei sie dann gegangen, um nach ihrer Tochter zu sehen. Sie war noch kleiner als Bastian und sie machte sich Sorgen.

»Das fand ich eigentlich schade«, sagte Thorsten Magolf, »wir hatten uns so gut unterhalten.«

»Und dann? Sind Sie auch gegangen?«

»Nein. Ich bin noch geblieben. Wissen Sie, so oft kommt man selbst als Großstädter nicht raus. Ich hatte einfach Lust, noch zu bleiben. Und es sprach ja eigentlich auch nichts dagegen.«

Er erzählte, dass es ihm nach dem dritten oder vierten Wein doch ziemlich leicht gefallen war, die Damen zum Tanzen aufzufordern. Und da Männer sowieso in der Minderheit waren, gab es keine, die abgelehnt hätte.

Der berühmte Hahn im Korb, dachte Eva. Wer konnte es ihm verdenken.

»Das Letzte, an das ich mich erinnere, ist eigentlich, dass ich mit Lieselotte gesprochen habe.«

»Lieselotte?«

»Ja, sie ist die Chefin in der Kurkantine«, erklärte Thorsten Magolf. »Sie erzählte mir, dass sie seit dem Tod ihres Mannes oft Langeweile zu Hause habe und gerne zu den Tanzabenden am Mittwoch dazukäme.«

»Und Sie haben auch mit ihr getanzt?«

»Nein.« Jetzt huschte ein Anflug von Lächeln über sein Gesicht. »Sie ist mehr eine gute Freundin, aber keine Tanzpartnerin. Sie ist schon über sechzig.«

Ach, und mit über Sechzigjährigen kann man wohl nicht tanzen, dachte Eva angestochen. Wie war es wohl mit Fünfzigjährigen? Sicher reichte man denen auch nur noch den kleinen Finger.

»Nicht, dass ich etwas gegen ältere Frauen hätte«, sagte Magolf auch noch zu allem Überfluss. »Doch Lieselotte ist mehr so der Typ beste Freundin.«

Tja, das kenne ich.

»Und diese Unterhaltung mit Lieselotte ist also das Letzte, an das Sie sich erinnern können?«

Thorsten Magolf wischte sich mit der flachen Hand über die Stirn.

»Ja, eigentlich wohl. Klingt komisch, oder?«

»Na ja, Sie können das besser beurteilen, was geschehen ist. Ich werde natürlich auch mit Lieselotte sprechen.«

»Ja, das ist bestimmt eine gute Idee. Vielleicht weiß sie, was mit mir passiert ist. Vielleicht hat mir jemand etwas in den Wein getan.«

»Wer weiß. Ich muss Sie bitten, die Insel nicht zu verlassen.«

»Kein Problem, mein Aufenthalt geht noch fast drei Wochen.«

»Dann ist es ja gut. Ich werde auf jeden Fall noch einmal mit Ihnen sprechen müssen. Und bitte geben Sie mir die Sachen, die Sie und Ihr Sohn getragen haben, als sie verschwunden sind. Ich nehme an, dass es die sind, die sie jetzt tragen?«

Thorsten Magolf sah an sich herunter, als müsste er sich vergewissern, was er eigentlich am Leib trug.

»Ja, tatsächlich«, murmelte er. »Ich habe noch die gleichen Sachen an wie an dem Abend, als ich tanzen war.«

»Dann muss ich Sie bitten, die Sachen jetzt zu wechseln, damit ich Sie zur Untersuchung geben kann.«

»Natürlich.«

Thorsten Magolf ging zum Bett seines Sohnes und die beiden gingen kurz darauf ins Bad.

Während Eva wartete, wanderte ihr Blick durch den Raum. Irgendjemand musste hier hereingekommen sein, und den Sohn entführt haben. Und eigentlich kam da nur jemand vom Personal in Betracht. Wer sonst sollte einen Schlüssel haben? Ob es sich um den gleichen Täter handelte, der auch die Hand in Annikas Bett deponiert hatte? Was hatten Annika und Thorsten Magolf gemeinsam?

»Hier bitte«, sagte Thorsten Magolf, als er wieder mit seinem Sohn aus dem Bad kam. Der Junge trug jetzt einen Pyjama und verkroch sich wieder in sein Bett. »Ich habe die Sachen in eine Plastiktasche getan, ich hoffe, das war in Ordnung.«

»Ja, vielen Dank«, sagte Eva und nahm den Beutel an sich.

Sie war bereits aufgestanden und wollte gehen. Dann setzte sie sich wieder und bat ihn ebenfalls, Platz zu nehmen.

»Sagen Sie, kennen Sie eine gewisse Annika Bertram?«

Er sah sie fragend an. Dann schüttelte er mit dem Kopf.

»Nein, der Name sagt mir nichts.«

»Nun, sie ist auch später angereist als Sie. Sie hatte das Zimmer Nummer 137 bezogen, gleich zwei Türen weiter als Sie.«

»Mag sein. Doch ich weiß nicht, wer das ist.«

»Schon gut. Sie wohnt auch nicht mehr in dem Zimmer.«

Dann erzählte Eva ihm von der Hand.

Er wich erschrocken zurück.

»Das klingt ja wie in einem Horrorfilm«, sagte er flüsternd und hoffte, dass sein Sohn nichts mitbekommen hatte.

»Ja, das kann man wohl sagen. Und da Sie verschwunden waren, haben Sie von der ganzen Sache bisher nichts mitbekommen, oder?«

»Nein, davon weiß ich wirklich nichts. Und Sie denken, dass die Sache auch etwas mit meinem Verschwinden zu tun hat?«

»Ich weiß es nicht«, gab Eva zu. »Doch ich werde auch das noch herausfinden.«

»Eines kann ich Ihnen versichern, ich werde mit Bastian das Klinikgelände nicht mehr verlassen, bis wir abreisen.«

»Vielleicht ist das sogar eine ganz gute Idee«, meinte Eva. »Ich werde bald wieder nach Ihnen sehen und Sie auf dem Laufenden halten. Und wenn Ihnen noch etwas einfallen sollte, dann rufen Sie mich bitte sofort an.«

Sie gab ihm eine Karte mit ihrer Nummer und machte sich auf den Weg, um nach Lieselotte, der Frau, mit der man nicht tanzte, zu suchen.

In der Küche

Es roch schon gefährlich nach vor sich hinköchelndem Gemüse, als Eva in den Speisesaal kam. In einer guten Dreiviertelstunde würden bereits die Ersten für das Menü Schlange stehen.

Sie sprach ein junges Mädchen an, das damit beschäftigt war, bereits den Nachtisch in die dafür vorgesehenen Plätze an der Selbstbedienungstheke zu stellen. Es sah nach Vanillepudding mit roter Soße aus.

Wieso bin ich eigentlich noch nie zur Kur gefahren?, fragte sich Eva, als ihr Magen knurrte. Sich einfach mal so richtig verwöhnen lassen.

»Es gibt jetzt noch nichts zu essen«, sagte das junge Mädchen und strich sich mit dem Handrücken eine blonde Strähne aus dem Gesicht und sah Eva an.

»Ach so, ich bin nicht wegen des Essens hier«, sagte Eva und stellte sich vor. »Ich suche nach Lieselotte, der Leiterin der Küche, soweit ich weiß.«

»Da haben Sie heute kein Glück«, sagte die junge Frau. »Lieselotte hat sich heute Morgen krankgemeldet.«

»Tatsächlich? Was fehlt ihr denn?«

»Das kann ich nicht so genau sagen, ich habe nicht mit ihr gesprochen. Aber ich glaube, es war irgendwas mit dem Magen.«

»Aha. Dann ist es sicher in Ordnung, wenn ich direkt bei ihr Zuhause vorbeischaue. Haben Sie vielleicht ihre Adresse?«

»Hm ... ob ich die rausgeben darf?«

»Verstehe, ich will Sie nicht in Schwierigkeiten bringen. Ich werde vorne an der Rezeption nachfragen.«

Eigentlich wäre das Gespräch an dieser Stelle beendet gewesen und die junge Frau sah Eva fragend an, als sie immer noch nicht ging und stattdessen auf den Vanillepudding starrte.

»Möchten Sie ein Schälchen?«, fragte die junge Frau.

»Was? Oh ... ich.«

»Das ist kein Problem, warten Sie.«

Die junge Frau füllte eine extragroße Portion in ein weißes Gefäß und goss rote Soße darüber. Eva lief das Wasser im Mund zusammen.

»Danke«, sagte sie und schlich sich mit der süßen Beute an einen Tisch am Fenster und begann sofort zu löffeln. Kein Wunder, dass hier alle so gut drauf sind, dachte sie, als sie die vielen Frauen mit einem Lächeln im Gesicht draußen entlangspazieren sah. Sie kratzte auch den letzten Rest vom Gefäßrand ab und brachte die Schüssel dann diskret zu dem Servierwagen.

An der Rezeption zögerte man nur so lange mit der Herausgabe der privaten Adresse von Lieselotte Renner, bis Eva damit drohte, den Manager rufen zu lassen. Dann machte sie sich auf den Weg zu deren Wohnung, die in der Nähe des Wasserturms lag.

Während des Fußmarsches fragte sich Eva, ob diese Lieselotte etwas mit der Entführung von Thorsten Magolf zu tun haben könnte. Warum sonst war sie ausgerechnet an dem Tag krank geworden, als er wieder in der Klinik auftauchte?

Sie drückte dreimal auf die Klingel mit dem Namen Renner und wollte eigentlich schon wieder frustriert gehen, als endlich geöffnet wurde. Eine durchaus für ihr Alter attraktive Frau mit einem aschfahlen Gesicht mit Leidensmiene lugte durch einen schmalen Türspalt nach draußen.

»Bitte?«

»Eva Sturm, Kripo Langeoog. Lieselotte Renner, nehme ich an.«

Die Frau nickte.

»Ich müsste Sie kurz sprechen. Ich habe es bereits in der Klinik versucht, aber da sagte man mir, dass Sie sich krankgemeldet hätten.«

»Ja, der Magen. Ist manchmal einfach so. Worum geht es denn überhaupt?«

»Können wir das drinnen besprechen?«

»Na gut, kommen Sie. Ich habe mir gerade einen Kamillentee gemacht, wenn Sie den auch mögen ...«.

Bei dem Wort Kamillentee musste Eva würgen und fiel augenblicklich in eine Zeit aus Kindertagen zurück, die sie eigentlich schon vergessen zu haben geglaubt hatte. In einer der Pflegefamilien, in denen sie untergebracht gewesen war, hatte es jeden verdammten Tag nach Kamillentee gerochen. In dieser Zeit hatte sie über zehn Kilo in drei Wochen abgenommen, weil es ihr permanent übel gewesen war und sie ständig brechen musste. Das Sozialamt hatte sie dann aus der Familie rausgenommen und wieder ins Heim gesteckt.

»Nein danke«, sagte sie jetzt, »Kamillentee ist nicht so mein Fall.«

»Ich trinke den auch nur, weil mir irgendetwas auf den Magen geschlagen ist«, sagte Lieselotte und ging in eine helle Küche voraus.

Sie setzten sich an den Tisch.

»Hat jemand vom Küchenpersonal etwas ausgefressen?«, fragte Lieselotte und nahm den Teebecher in die Hand und rieb mit ihren Fingern darüber.

»Nein, das ist es nicht«, antwortete Eva. »Es geht um einen Kurgast, den Sie wohl näher kennen.«

»Oh, da gibt es eine ganze Menge. Um wen geht es denn? Und was ist mit ihm? Hat er sich über das Essen beschwert und schickt mir die Polizei auf den Hals? Einige meckern den ganzen Tag, egal, was auf den Tisch kommt.«

»Ja, die gibt es wohl, die Nörgler. Aber es geht in diesem Fall um eine doch etwas ernstere Sache«, kam Eva auf den Punkt. »Thorsten Magolf und sein Sohn Bastian.«

»Thorsten?«, fragte Lieselotte und Eva hatte das Gefühl, dass sich ihr Blick verfinsterte.

»Sie wissen, dass er verschwunden ist?«, zögerte sie die ganze Wahrheit heraus.

Lieselotte nickte und senkte den Blick. »Ich habe immer zu Rüdiger gesagt, dass man das melden muss.«

»Sie meinen den Manager?« Eva kannte ihn bisher nur unter dem Namen Bildmann.

»Ja, ich meine Herrn Bildmann. Mir ist es doch sofort aufgefallen, dass der Thorsten und sein Sohn nicht mehr zum Essen kamen. Bei einem Mal, da sagt man ja nichts. Natürlich können die Gäste auch mal in einem Restaurant oder einem Café essen, wenn ihnen das Angebot für den Tag nicht passt.«

»Aber es war mehr als einmal, dass Thorsten und Bastian fehlten.«

Lieselotte nickte. »Ja, und als es drei Mahlzeiten waren, da bin ich zu Rüdiger, ich meine, zu Herrn Bildmann gegangen.«

»Und was hat er gesagt?«

»Pah ... er hat gesagt, ich sollte den Ball flachhalten. So etwas könnte einen ganz harmlosen Grund haben.«

Das deckte sich mit den Angaben der Frau des Managers.

»Und damit haben Sie sich zufriedengegeben?«

»Was hätte ich denn machen sollen? Ich bin nur die Küchenchefin.«

»Aber Sie haben sich Sorgen gemacht?«

Sie nickte.

»Und warum? War Thorsten Magolf vielleicht ein ganz besonderer Gast für Sie?«

Lieselotte zog die Stirn in Falten. »Besonders?«

»Na ja, es gibt doch Menschen, denen fühlt man sich gleich verbundener als anderen. War das bei den Magolfs so?«

Eva war gespannt auf die Antwort, die sie ja schon längst von Thorsten Magolf kannte. Nämlich, dass sie sich ganz ausgezeichnet verstanden hatten. Und besonders an dem Abend, als er und sein Sohn verschwunden waren.

Lieselotte seufzte auf und stellte den Becher ab.

»Ja, wir haben uns vom ersten Tag an sehr gut verstanden«, gab sie zu. »Das passiert auch wirklich nicht mit jedem Gast. Doch ich mochte den Bastian sofort, als die beiden eintrafen und ich den Essensplan mit den beiden besprochen habe.«

»Und diese Sympathie beruhte wohl auf Gegenseitigkeit, nehme ich an.«

»Doch, das war wohl so. Wissen Sie, ich habe selber keine Kinder. Das habe ich mein Leben lang bedauert. Und seit einiger Zeit ist auch mein Mann tot. Da ist man plötzlich ganz schön einsam als ältere Frau.«

Für einen Moment musste Eva sich zusammenreißen, um sich nicht in Lieselotte ein paar Jahre später zu sehen.

»Haben Sie Kinder?«, fragte diese jetzt.

»Nein«, sagte Eva.

»Verheiratet?«

»Noch nie gewesen.«

»Na, dann wissen Sie ja, wie es sich anfühlt. Aber ich will Ihnen nicht zu nahe treten, Sie sind ja viel jünger als ich.«

»Ich werde nächstes Jahr fünfzig.«

»Aber das ist doch kein Alter. Ich gehe bald in Rente. Auch wenn mir die Arbeit in der Küche Spaß macht, so fällt mir doch vieles immer schwerer. Die Knochen, wissen Sie.«

»Kommen wir jetzt bitte zu Thorsten Magolf zurück«, sagte Eva und sah betreten auf ihre weißen Turnschuhe. »Sie haben die Sache also auf sich beruhen lassen, weil Herr Bildmann Sie darum gebeten hatte?«

Lieselotte nickte. »Ja, wie ich schon sagte.«

»Und bis zum heutigen Tag haben Sie nichts von Thorsten Magolf gehört?«

»Nein, nicht ein Sterbenswort. Ehrlich gesagt mache ich mir Sorgen. Vielleicht ist mir sogar das auf den Magen geschlagen, wer weiß.«

»Tja, dann habe ich jetzt eine gute Nachricht für Sie«, sagte Eva und fand wieder ins Hier und Jetzt zurück. »Thorsten Magolf und sein Sohn Bastian sind heute Morgen am Strand entdeckt worden. Oder besser gesagt, Herr Magolf ist dort aufgewacht und weiß nicht, wie er dort hingekommen ist.«

»Was?« Lieselotte machte ein entsetztes Gesicht. »Aber es ist ihnen doch hoffentlich nichts Schlimmes passiert.«

»Im Prinzip nicht, kann man sagen. Doch die Frage ist natürlich, wer die beiden entführt hatte. Wobei wir ja noch nicht einmal wissen, ob es wirklich eine Entführung war, weil Herr Magolf sich nicht erinnern kann, was geschehen ist an dem Abend, als er wohl zuletzt mit Ihnen gesprochen hat in dem kleinen Tanzcafé.«

Eva sah förmlich, wie es hinter Lieselottes Stirn arbeitete.

»Sie meinen, ich bin die Letzte, die mit Thorsten gesprochen hat?«

»Im Moment scheint es der Fall zu sein. Es ist jedenfalls das, woran er sich zuletzt erinnern kann.«

»Tja, dann bin ich doch froh, dass Sie zu mir gekommen sind. Denn ich war beileibe nicht die Letzte, die mit Thorsten gesprochen hat an dem Abend.«

»Nicht?«

»Oh nein, denn er hat sich ganz prächtig mit einer jungen Frau unterhalten, die ebenfalls hier zur Kur ist. Sie haben getanzt und getrunken. Ich habe es eine Weile beobachtet, bevor ich schließlich gegen kurz vor Mitternacht gegangen bin.«

Das warf allerdings ein ganz anderes Licht auf die Sache.

»Und wie heißt die junge Frau, mit der Herr Magolf sich so gut unterhalten hat?«

»Das war Karin Sandhoff. Sie hat das Zimmer 217.«

»Haben Sie es mit Frau Sandhoff besprochen, als Thorsten Magolf nicht mehr in der Klinik aufgetaucht ist?«

»Nein.«

»Und warum nicht?«

»Sie ist am nächsten Tag abgereist. Der Abend in dem Tanzcafé war ihr letzter Abend. Vielleicht haben die beiden deshalb so ausgelassen gefeiert. Sie hatte Thorsten gleich nach ein paar Tagen in Beschlag genommen.«

»Sie scheinen eine gute Beobachterin zu sein«, stellte Eva fest. »Immerhin sind ein paar Hundert Gäste im ständigen Wechsel in Ihrer Klinik.«

»Ach, man bekommt einfach ein Auge dafür, wer mit wem gut kann. Das sieht man schon an den Blickkontakten über die Tische hinweg.«

»Na gut, dann will ich Sie jetzt nicht länger aufhalten«, sagte Eva. »Vielen Dank für Ihre Zeit.«

»Wenn Sie noch Fragen haben, können Sie gerne wieder auf mich zukommen. Und wenn es sein muss, dann sage ich auch gegen den Bildmann aus. Es ist eine große Schweinerei, dass er verhindert hat, dass ich die Polizei rufe, als Thorsten verschwunden war.«

»Ja, da haben Sie sicher recht. In Ordnung war das nicht.«

Eva verabschiedete sich und lief in Richtung Klinik.

Jürgen auf der Lauer

Da waren eine ganze Menge Frauen jung, blond und hübsch und Jürgen langweilte sich keineswegs, während er auf einer Bank in der Nähe der Kurklinik wartete und nach Annika Ausschau hielt.

Doch keine von den Frauen hatte ein kleines Mädchen dabei. Das machte die Sache nicht unbedingt leichter. Und nach allem, was er von Eva gehört hatte, ging er nicht davon aus, dass diese Annika ihre Tochter aus den Augen lassen würde.

»He, du sitzt ja immer noch hier«, hörte er Eva neben sich sagen und blinzelte in die Sonne.

»Tja, anscheinend will Annika heute nicht am Strand spazieren gehen«, lachte er.

Eva setzte sich zu ihm.

»Und bei dir? Gibt es was Neues?«

»Na ja, es tauchen immer neue Namen auf. Aber so richtig schlauer geworden bin ich auch jetzt nicht, was mit Thorsten Magolf passiert sein könnte.«

»Denkst du, dass die Hand und die Entführung wirklich etwas miteinander zu tun haben?«

»Hm ... ehrlich gesagt glaube ich das nicht«, meinte Eva. »Es ist nur komisch, dass beide Fälle etwas mit der Klinik zu tun haben.«

»Das könnte Zufall sein.«

»Sicher.«

Eva zog Kreise mit ihrem Schuh in den Sand.

»Was machst du heute Abend?«, fragte sie plötzlich.

»Fernsehen.«

»Das glaube ich nicht. Heute ist nämlich Mittwoch, da sollten wir beide tanzen gehen.«

Jürgen sah sie mit hochgezogenen Brauen von der Seite an.

»Eva, ich finde, du wirst immer wunderlicher.«

»Ja, so könnte man es auch sehen. Ich hole dich um acht Uhr ab. Und übrigens, da drüben kommt gerade Annika mit ihrer Tochter aus der Klinik. Du weißt, was du zu tun hast.«

Sie zwinkerte ihm vielsagend zu und lief weiter in Richtung Dienststelle.

Als sie sich nach einer Weile umdrehte, sah sie, wie Jürgen in deutlichem Abstand hinter einer jungen Frau und ihrer Tochter in Richtung Strand verschwand.

Als sie in der Dienststelle ankam, gab es nichts Neues von Ole, was die Hand betraf. Er versuchte immer noch fieberhaft, den Besitzer zu ermitteln, darauf konnte sie sich verlassen.

Sie setzte sich an den Rechner und gab den Namen Karin Sandhoff ein. Im nächsten Moment wählte sie auch schon die dazugehörige Telefonnummer.

Die Frau, die am anderen Ende abnahm, klang atemlos.

Eva stellte sich kurz vor.

»Oh, Sie rufen von Langeoog an«, flötete Karin Sandhoff in ihr Ohr. »Da war ich ja vor kurzem. Eine wunderschöne Insel.«

»Ja, ich weiß. Deshalb rufe ich an. Es geht um Thorsten Magolf, mit dem Sie sich wohl etwas näher angefreundet haben während Ihres Kuraufenthaltes.«

»Hm ... Thorsten. Ja, das stimmt. Er ist total nett. Auch sein Sohn ... den Namen habe ich gerade nicht parat. Aber auf jeden Fall hat er sich super mit meiner Tochter verstanden. Und deswegen rufen Sie an?«

»Es ist kompliziert«, fuhr Eva fort. Sie hatte jetzt schon das Gefühl, dass das ein völlig sinnloses Telefongespräch werden würde, das sie kein bisschen weiterbringen würde bei ihren verworrenen Ermittlungen. Und vermutlich hörte sich das, was sie gleich erzählen würde, genauso bescheuert an. Deshalb fasste sie es adäquat zusammen und führte nur aus, dass man jeden befragen müsste, der mit Thorsten Magolf in engerem Kontakt gestanden hatte.

»Und warum?«, kam es natürlich vom anderen Ende. »Er ist doch wohl nicht ... tot?«

»Nein, um Himmels willen. Es ist eigentlich nur Routine. Haben Sie denn jetzt immer noch Kontakt zu Herrn Magolf?«

Plötzlich wurde Karin Sandhoff verhaltener und sprühte nicht mehr vor Begeisterung. »Es darf doch niemand davon wissen«, flüsterte sie praktisch. »Ich habe doch einen festen Partner.«

»Verstehe«, sagte Eva und rümpfte die Nase. Menschen würden sich niemals ändern. Und die Vorurteile gegen Kuraufenthalte hatten ihre Begründung. »Also haben Sie keinen Kontakt mehr?«

»Nein, auf gar keinen Fall. Und wenn Sie ihn sehen, dann grüßen Sie ihn von mir, aber mehr auch nicht. Geben Sie ihm bloß nicht meine Telefonnummer.«

»Nein, ganz sicher nicht«, sagte Eva und legte einfach auf. Sollte sie doch denken, was immer sie wollte.

Und jetzt?, fragte sich Eva und lehnte sich auf den Schreibtisch. Dieser Fall oder vielleicht sogar die Fälle bereiteten ihr immer mehr Kopfzerbrechen. Sie hatte so gute Vorsätze gehabt, wollte mehr joggen, sich gesünder ernähren und ein neues Leben anfangen. Und jetzt ging sie schon wieder mit Jürgen Pizza essen und heute Abend sogar tanzen. Ich muss verrückt geworden sein, dachte sie, als ihr Telefon klingelte. Hoffentlich war das nicht diese blöde Schnepfe von eben, die ihren Freund betrog.

»Frau Sturm, Hendrik Stiller hier. Ich hoffe, ich störe Sie nicht bei der Arbeit.«

Die angenehme Stimme in ihrem Ohr zauberte ihr tatsächlich eine Gänsehaut, die langsam ihren Rücken herunterkroch wie eine Raupe, deren Haare sie kitzelten.

»Aber nein, Sie stören mich nicht«, sagte sie schnell und richtete sich am Schreibtisch auf und fuhr sich durchs Haar, auch wenn er sie nicht sehen konnte.

»Das freut mich. Ich dachte, ich rufe mal an ... jetzt, da wir uns ja nicht mehr in dem kleinen Café treffen.«

»Eine nette Idee ...«.

»Ich hatte gehofft, dass Sie das sagen.«

»Ja, ich finde es nett, dass Sie mich anrufen.«

Hatte sie wirklich nett gesagt? Er war doch kein Postbote.

»Ich wollte Sie fragen, ob Sie heute, oder vielleicht auch in den nächsten Tagen, einmal Lust hätten, mit mir essen zu gehen.«

Aber keine Pizza, fuhr es durch ihren Kopf.

»Gerne. Ich war schon lange nicht mehr richtig aus.«

Autsch, er hatte sie doch erst gestern in der Pizzeria mit Jürgen gesehen. Doch dazu sagte er jetzt nichts.

»Heute Abend vielleicht?«, fragte er stattdessen.

»Oh, heute geht es leider nicht.« Da gehe ich mit doppelt Käse tanzen, fügte sie in Gedanken hinzu. »Aber morgen ginge es. Wenn Sie da Zeit hätten.«

»Ja, morgen klingt gut. Treffen wir uns, oder soll ich Sie abholen?«

»Oh, wir können uns auch direkt beim Restaurant treffen. Wo gehen wir denn hin?«

»Lassen Sie mich nachdenken. Ich kenne da ein nettes Lokal, wo wir uns sogar ungestört unterhalten können.« Er nannte ihr den Namen und sie schrieb ihn sich auf einen Zettel, der auf ihrem Schreibtisch lag.

»Dann bis morgen, sagen wir zwanzig Uhr.«

»Gerne. Bis morgen«, antwortete Eva und legte auf.

Habe ich etwa ein Date?, fragte sie sich und spürte ihren Herzschlag bis zum Hals.

Der letzte Tanz

Eva hatte sich noch wahllos durch zahllose Internetseiten geklickt, bei denen es um Hände oder andere Körperteile und deren sinnvolle Lagerung ging, um sie haltbar zu machen. Eigentlich war alles ganz einfach. Man legte sie in eine Tiefkühltruhe, wo sie ewig haltbar blieben. Jede versierte Hausfrau musste so etwas wissen, wenn sie täglich mit Schweineschnitzeln oder Steaks zu tun hatte. Es gab ja sogar Menschen, die sich einfrieren ließen. Dafür brauchte niemand das Internet.

Wenn sie doch nur endlich wüssten, wem die Hand gehörte. Doch wenn der Besitzer tot war und irgendwo seine Reste in einer Truhe schlummerten, wie um Himmels willen sollten sie den Mann jemals finden?

Eva war zu der Erkenntnis gelangt, dass die Hand und das Verschwinden von Thorsten Magolf nicht das geringste miteinander zu tun hatten. Es war purer Zufall, dass der Fund und das Verschwinden praktisch zeitgleich geschahen. Aber auch wenn sie es so betrachtete, wurde die Sache nicht wirklich leichter.

Ihr Magen knurrte und sie entschied sich, zuhause noch eine Kleinigkeit zu essen, bevor sie sich mit Jürgen in dem Tanzcafé traf.

Sie hatte bisher nichts von ihm gehört. Ob er Annika noch immer verfolgte? Das könnte ein Grund sein.

In ihrer Wohnung war es still. Und in diesem Moment konnte sie Stille nicht ertragen. Sie ging ins Schlafzimmer, zog sich um und ging wieder vor die Tür. Sie würde einfach einen Salat essen, bevor sie sich mit Jürgen traf, beschloss sie.

Und der Zufall wollte es, dass sie sich auf Höhe der Touristinfo in die Arme liefen.

»He, willst du jetzt schon los?«, fragte er, als er sie als Erstes entdeckte.

»Nein, ich wollte noch einen Salat essen.«

Sie wechselte zwischen den vielen Spaziergängern auf seine Seite herüber.

»Hunger hätte ich auch«, meinte Jürgen.

»Und was ist mit Annika? Ist sie wieder in der Klinik?«

»Ja, ist sie. Ich habe sie nicht aus den Augen gelassen. Sie war am Strand unterwegs und anschließend noch in einem Eiscafé mit ihrer Tochter.«

»Und? Was hattest du für einen Eindruck von ihr?«

»Hm ... schwer zu sagen auf die Distanz. Aber sie wirkte entspannt, würde ich sagen.«

»Hat sie sich hin und wieder ängstlich umgesehen?«

»Ja, das schon.«

»Aber da war niemand?«

»Mir ist keiner aufgefallen, den ich als Verfolger identifizieren könnte.«

»Gut. Vielleicht hat sie sich ja doch alles nur eingebildet.«

»Aber die Hand bleibt im Spiel.«

»Ja, das tut sie«, seufzte Eva. »Lass uns doch beim Italiener einen Salat essen. Also, ich jedenfalls esse nur einen Salat, falls ich heute noch tanzen will.«

»Tanzen? Eva, du willst doch wohl nicht wirklich die Hufe schwingen? Ich dachte, das wäre nur zu Ermittlungszwecken, dass wir dahingehen.«

»Ist es ja auch.«

Sie hakte sich bei ihm unter und sie liefen zum Restaurant.

Beziehungen können so einfach sein, wenn sie gar keine sind, dachte Eva irritiert, als sie bemerkte, wie leicht es ihr gefallen war, körperlichen Kontakt zu haben.

Als sie später im Tanzcafé ankamen, war praktisch jeder Tisch besetzt. Und so suchten sie sich freie Stühle an der Bar.

»Ganz schön was los hier«, meinte Jürgen.

»Du bist noch nie hier gewesen?«, fragte Eva.

»Nein, warum sollte ich?«

»Na ja, ich meine nur ...«.

Sie bestellten sich einen Weißwein und sahen dem bunten Treiben auf der Tanzfläche zu. Noch hielten alle einen respektvollen Abstand zum Partner, was sich vermutlich im Laufe des Abends mit zunehmendem Alkoholpegel ändern würde.

»Guck mal, das ist Annika«, sagte Eva, die die junge Frau als Erstes entdeckt hatte.

»Tatsächlich«, stimmte Jürgen zu. »Mit wem redet sie denn da?«

»Vermutlich ein Kurgast«, meinte Eva. »Aber sie sieht kein bisschen ängstlich aus, wenn du mich fragst.«

»Ne, überhaupt nicht. Ich habe sie den ganzen Tag über nicht so lachen sehen. Nicht einmal mit ihrer Tochter.«

»Es wundert mich eigentlich, dass sie hier ist. Auf mich machte sie bisher keinen so gelösten Eindruck.«

»Das mag am Wein liegen. Sie trinkt Roten.«

»Ja, kann sein. Aber ich hätte nicht gedacht, dass sie ihre Tochter alleine lässt, nach allem, was passiert ist.«

»Man sollte sich nicht von solchen Eindrücken täuschen lassen. Nun guck dir das mal an ...«.

Sie sahen mit offenem Mund dabei zu, wie Annika ihrem Gesprächspartner beinahe auf den Schoß kroch, als sie ihm etwas ins Ohr flüsterte.

»Ich verstehe das nicht«, meinte Eva. »Das kann doch nicht nur am Wein liegen.«

»Vielleicht brauchte sie auch einfach mal wieder etwas Abwechslung nach dem ganzen Scheiß«, meinte Jürgen pragmatisch und führte sein Weinglas zum Mund.

»Ja, vielleicht …«.

Eva konnte ihren Blick einfach nicht von Annika losreißen. Sie flirtete mit dem durchaus attraktiven Mann in ungefähr ihrem Alter, als gäbe es kein Morgen mehr. Da musste man nur eins und eins zusammenzählen, um zu wissen, wie dieser Mittwochabend enden würde.

»Willst du tanzen?«, fragte Jürgen und stieß sie am Arm.

»Gott bewahre«, raunte Eva. »Ich mache mich hier zwischen all diesen jungen Leuten doch nicht lächerlich.«

»War auch nur eine rhetorische Frage«, grinste Jürgen.

Die Stunden vergingen recht kurzweilig und die Stimmung der Gäste wurde immer ausgelassener. Annika tanzte ein paar Mal mit dem jungen Mann und hielt ihn dabei fest an sich geklammert, so dass Eva alleine bei diesem Anblick die Schamesröte ins Gesicht schoss.

»Die will es wirklich wissen«, meinte Jürgen und schnalzte mit der Zunge.

Auch bei ihm taten die weiteren Gläser Weißwein ihre Wirkung.

Angewidert sah Eva zu ihm herüber. Sie stellte sich vor, wie er mit Gunda genau dasselbe machte. Und ich?, dachte sie. Wer kümmert sich um mich? Ich bin eine alte hässliche Schachtel. Niemand will etwas mit mir zu tun haben. Und Jürgen, der ist doch auch nur aus Mitleid hier mit mir unterwegs, damit ich nicht zum Gespött der Kurgäste werde.

»Wollen wir nicht doch mal tanzen?«, fragte Jürgen jetzt und Eva war kurz davor, ihm ihren Wein ins Gesicht zu schütten.

»Nein, danke«, fauchte sie.

»Ist ja gut, alte Kratzbürste«, lachte er.

»Das nimmst du sofort zurück!«

»Was jetzt? Die Kratzbürste? Eva, was ist denn plötzlich los mit dir?«

Ihre Lippen bibberten, als sie ihr Weinglas zum Mund führte.

Erst jetzt erkannte Jürgen den Ernst der Lage. Es ging gar nicht um ihn und um das, was er sagte. Eva stand einfach neben sich.

»Komm, wir gehen«, sagte er und fasste beherzt nach ihrem Arm.

»Nein, ich will nicht«, sagte sie und schüttelte seine Hand ab.

»Nur kurz, eben frische Luft schnappen.«

Er ließ nicht locker und so gab sie widerwillig nach und ging mit ihm vor die Tür.

Auch hier draußen drückten sich Paare herum, standen an die Wand gelehnt und küssten sich hemmungslos.

»Das ist ja ekelhaft«, flüsterte Eva, die durch die frische Brise, die jetzt um ihre Nase wehte, wieder einen klaren Kopf bekommen hatte.

»Nun lass sie doch ...«.

»Das sagt sich so leicht. Ich habe heute mit der Frau gesprochen, die hier mit Thorsten Magolf den Abend verbracht hat, an dem er verschwand.«

»Und?«

»Na ja, sie hat zugegeben, mit ihm geflirtet zu haben, obwohl sie einen festen Partner hat.«

»Und weiter?«

»Ich verstehe nicht, warum Menschen immer lügen und betrügen müssen. Warum reicht ihnen denn ihr Leben nicht, das sie haben?«

»Das musst du mich nicht fragen, ich bin ja genügsam.«

Schockiert sah sie ihn an. All die Jahre, die sie schon zusammen ermittelt hatten, liefen wie im Schnelldurchlauf vor ihrem inneren Auge ab.

Stille.

Ihr Mund klappte auf und dann wieder zu.

Schließlich prusteten beide los und lachten, bis ihnen der Bauch wehtat.

»Komm, lass uns wieder reingehen«, sagte Jürgen schließlich, der gesehen hatte, wie die Pärchen sich bei ihren Aktivitäten gestört fühlten.

»Okay. Aber tanzen werde ich nicht.«

Eva folgte ihm wieder ins Café.

Sie setzten sich wieder an die Bar und sahen, wie Annika immer noch mit dem jungen Mann tanzte. Dieses Mal nach einem langsameren Song, so dass sie sich ganz nah aneinanderschmiegten.

»Wenn ich nochmal jung wäre, dann würde ich auch zur Kur fahren«, sagte Eva mehr zu sich selbst.

»Und ich wäre dein Kurschatten«, meinte Jürgen und bestellte noch zweimal Weißwein.

Um kurz nach Eins waren die meisten der Gäste gegangen. Auch Annika und der junge Mann hatten das

Lokal verlassen. Eva hatte darauf verzichtet, die beiden zu verfolgen.

»Ich werde morgen noch einmal mit ihr sprechen«, sagte sie und langsam fielen auch ihr die Augen zu.

»Ja, das solltest du wohl«, meinte Jürgen. »Dann können wir doch jetzt auch gehen, oder? Ich bin nämlich auch hundemüde.«

»Sicher, wir können auch gehen. Aber einen Wunsch habe ich noch.«

Neugierig sah er sie an.

»Ich bitte dich um einen letzten Tanz«, sagte Eva und breitete einladend ihre Arme aus.

»Aber sicher, Eva«, sagte Jürgen feierlich. Und in diesem Moment wünschte er sich, dass sie schon viel eher in der Lage gewesen wäre, aus sich herauszukommen. Vielleicht wäre dann alles anders gekommen. Vielleicht hätte er Gunda dann niemals kennen gelernt.

Katerfrühstück

Eva hatte darauf gedrungen, dass Jürgen in seiner Wohnung schlief. Irgendwo musste auch mal Schluss sein.

Als sie aufwachte, hatte sie Kopfschmerzen. Sie ging ins Bad und stellte sich unter die Dusche, nachdem sie zwei aufgelöste Aspirintabletten in der Küche geschluckt hatte.

Während das Wasser rauschte, lief der gestrige Abend noch einmal in ihren Gedanken ab. Was war mit Annika los? Als sie mit ihr gesprochen hatte, wirkte sie so unsicher und ängstlich. Wie passte das zu ihrem Auftritt am gestrigen Abend? Sie hatte sich dem jungen Mann regelrecht an den Hals geworfen. Ja, genauso konnte man das nennen, wenn eine Frau immer wieder ihre Beine um ihren Tanzpartner schlang.

Hatte sie ihr bisher nur etwas vorgespielt? Fühlte sie sich gar nicht verfolgt? Log sie sie nach Strich und Faden an? Und wenn ja, warum tat sie das?

Nach einem Kaffee ging es Eva dann schon viel besser und so ging sie hochmotiviert Richtung Kurklinik, um sich Annika noch einmal vorzuknöpfen.

Das Frühstücksbuffet war noch nicht vorbei und so ging Eva zu Lieselotte, die auch wieder im Dienst war.

»Guten Morgen, Frau Sturm«, begrüßte diese sie, als sie auf sie zulief.

»Hallo Frau Renner, ich sehe, es geht Ihnen wieder besser.«

»Ja, Gott sei Dank. Aber nennen Sie mich ruhig Lieselotte, das machen alle hier auf der Insel.«

»Gerne, Lieselotte. Ich bin heute hier, um noch einmal mit Annika Bertram zu sprechen. Haben Sie sie heute schon gesehen?«

Lieselotte ließ ihren Blick über die vielen Köpfe an den Tischen wandern.

»Ich glaube, sie sitzt immer dort drüben.« Sie zeigte in die entgegengesetzte Richtung von dem Platz aus, wo sie standen. »Da am Fenster, jetzt sehe ich sie.«

»Danke. Dann werde ich mal warten, bis sie fertig ist«, meinte Eva. »Es ist keine Gefahr im Verzug, da soll sie ruhig in Ruhe frühstücken.«

»Möchten Sie vielleicht auch etwas essen?«

»Warum nicht«, sagte Eva und ließ sich nun schon zum zweiten Mal in der Klinik verwöhnen. Lieselotte brachte ihr einen frisch zubereiteten Quark mit Früchten. Eva setzte sich an einen Tisch, den die Gäste wohl bereits verlassen hatten. Vielleicht alles Frühaufsteher, dachte Eva, als sie aß. Ich könnte auch in ein Hotel ziehen, dachte sie, als sie das Schälchen kurz darauf geleert abstellte. So müsste ich mich um nichts mehr kümmern.

Sie sah, dass Annika mit ihrer Tochter vom Tisch aufstand und in ihre Richtung lief.

Sie stellte sich ihnen in den Weg, als die beiden sie erreicht hatten.

»Frau Bertram, ich müsste noch einmal mit Ihnen sprechen«, sagte Eva und stemmte die Hände in die Seiten.

Annika griff nach der Hand ihrer Tochter.

»Worum geht es denn diesmal?«, fragte sie fast genervt. »Haben Sie vielleicht endlich herausgefunden, wer mir diesen schrecklichen Streich gespielt hat?«

»Vielleicht. Wo können wir uns ungestört unterhalten?«

»Am besten in meinem Zimmer. Dann kann Annika so lange mit ihren Sachen spielen.«

Eva folgte Annika und Anna und sie überkam das gute Gefühl, auf dem richtigen Weg zu sein.

Annika schickte Anna zunächst ins Bad, um sich die Zähne zu putzen. Danach legte sich das Mädchen bäuchlings auf ihr Bett und griff nach einem Comic.

Eva und Annika setzten sich an den Besuchertisch.

»Wie kann ich Ihnen denn helfen?«, fragte Annika und atmete hörbar aus.

»Waren Sie gestern Abend tanzen?«, fragte Eva ohne Umschweife zurück.

»Tanzen?« Annika schien Zeit gewinnen zu wollen und wickelte gespielt nachdenklich eine Strähne um ihren Zeigefinger.

Eva ließ sie zappeln und erwiderte nichts auf die wohl eher rhetorische Frage.

»Ja, ich war tanzen«, sagte Annika schließlich, als ihr die Pause zu lang wurde. »Ich hoffe, das ist nicht verboten.«

»Oh, keineswegs. Ich finde ja, jeder sollte mal so richtig aus sich herausgehen. Und Ihnen ist das gestern Abend ganz hervorragend gelungen. Aber heute sehen Sie ein wenig müde aus, wenn ich das so sagen darf. Ist wohl spät geworden, oder?«

»Wenn Sie schon alles zu wissen scheinen, warum fragen Sie dann noch?«

»Na ja, es interessiert mich eben. Ich habe mir nämlich wirklich Sorgen um Sie gemacht, wissen Sie. Die Sache mit der Hand schien Sie doch ganz schön zu belasten. Und dann noch der Beobachter, den Sie entdeckt haben wollen.«

Annikas große blaue Augen wurden zu kleinen Schlitzen.

»Ich habe das Gefühl, dass Sie mir nicht glauben, dass jemand mich beobachtet«, sagte sie vorsichtig. »Oder täusche ich mich da?«

»Nun ja, ich war gestern Abend auch in dem Tanzlokal ...«.

Annika erschrak sichtlich.

»Und ich hätte eigentlich nicht erwartet, Sie dort so ausgelassen tanzen zu sehen, nachdem, was Sie mir erzählt hatten, praktisch keine vierundzwanzig Stunden vorher. Sie hatten Angst, aber gestern Abend sah es gar nicht mehr danach aus. Sie haben sogar Ihre Tochter hier alleine gelassen.«

Annika stand vom Stuhl auf.

»Sie haben wirklich Nerven«, zischte sie zwischen den Zähnen hervor. »Anstatt sich darum zu kümmern, wer mir all das Schreckliche antut, da spionieren Sie hinter mir her. Das ist doch wirklich der Hammer. Ist das die Art Arbeit, die man heutzutage von der Polizei erwarten darf? Und dann auch noch von einer Frau?«

»Mama?«, rief Anna ängstlich vom Bett her und ließ ihr Buch sinken.

»Alles in Ordnung, mein Schatz. Mama ist nur noch ein bisschen beunruhigt, aber es ist alles gut. Lies bitte weiter.

Aber du kannst auch nach draußen spielen gehen, wenn du willst. Die Sonne scheint ja so schön.«

Das Mädchen sah weiterhin ängstlich zu ihrer Mutter herüber und schüttelte dann mit dem Kopf.

Eva hatte das Gefühl, dass das Kind Angst hatte. Und zwar vor seiner eigenen Mutter.

»Würde es Ihnen etwas ausmachen, uns einen Kaffee zu holen?«, fragte sie jetzt und sah zu Annika auf.

»Kaffee?«, fragte diese irritiert.

»Ja, irgendwie bin ich heute Morgen mit Kopfschmerzen aufgewacht, die sich gerade wieder sehr unangenehm melden. Meistens helfen ein Kaffee und ein Aspirin. Ich bleibe auch bei Anna.«

Annika sah Eva misstrauisch an. Es verstrich ein kurzer Moment, indem sie offenbar die Vor- und Nachteile abwog.

»Na gut, ich bin gleich zurück«, sagte sie schließlich und verließ das Zimmer.

Schon als die Tür hinter Annika ins Schloss gefallen war, stand Eva vom Stuhl auf und ging Richtung Bett.

»Na, was liest du denn da?«, fragte sie das Mädchen, das sie jetzt aus großen Augen neugierig ansah.

»Das ist Mickey Mouse«, sagte Anna.

»Die gibt es immer noch? Das ist ja was. Schon als ich klein war, gab es Mickey Mouse.«

»Wirklich?«

Annas Stimme hörte sich an, als lägen mindestens hundert Jahre zwischen ihr und der Frau an ihrem Bett.

»Ja, ich habe sie auch gerne gelesen«, log Eva. Manchmal waren Notlügen erlaubt.

»Und du bist eine richtige Polizistin?«, fragte Anna jetzt, die sichtlich auftaute.

»Ja, das bin ich.«

»Dann kannst du Mama sicher helfen.«

»Oh ja, das werde ich auf jeden Fall versuchen.«

Ihr Blick wanderte zu einer Tür.

»Ist dort das Badezimmer?«

Das Mädchen nickte.

»Ich muss mal auf die Toilette. Ich bin gleich wieder da.«

Als Eva ins Zimmer zurückkam, war auch Annika mit dem Kaffee wieder da.

»Ich glaube, ich muss jetzt los«, sagte Eva, »ich habe völlig die Zeit vergessen. Ich habe noch einen anderen Termin.«

»Und Ihre Kopfschmerzen?«, fragte Annika und starrte erst auf die Kaffeebecher und dann zu Eva.

»Ach, das geht schon wieder. Ich habe mir kaltes Wasser durchs Gesicht geschlagen. Manchmal hilft auch das.«

Als Eva draußen war, nahm sie die Beine in die Hand und rannte förmlich zum Flugplatz. Das, was sie in einem Plastikbeutel in ihrer Tasche hatte, musste so schnell wie möglich von Ole untersucht werden.

Stiller ... geht's nicht

Eva stand vorm Spiegel und zog Grimassen. Sie hatte nur noch eine Stunde Zeit, um eine halbwegs attraktive Frau aus sich zu machen.

Sie hatte wirklich ein Date. Das Erste nach Jürgen. Und mit Jürgen hatte sie eigentlich nie eine ernsthafte Verabredung gehabt. Keine, die ihr wirklich Herzklopfen bereitet hätte.

Doch bei Hendrik Stiller war das anders. Ganz anders.

Sollte sie ihre Lippen wie auf dem Kriegspfad bemalen? Bisher hatte er sie höchstens mit einem Milchschaumrand auf der Oberlippe gesehen, wenn sie sich im Café der Bäckerei zufällig getroffen hatten. Was würde er denken, wenn sie sich so herausputzte? Sie wollte auf keinen Fall den Eindruck erwecken, als verspräche sie sich auch nur das Geringste von diesem Abend. Geschweige denn ein amouröses Abenteuer. Sie sah, wie ihr Spiegelbild erschrak.

Sex. Hatte sie etwa schon Sex im Kopf? Diese zwischenmenschlichen Aktivitäten, die im fortgeschrittenen Alter eher an gymnastische Übungen erinnerten, weil einem hier und da immer etwas wehtat und man sich auch Entspannung der Muskeln erhoffte? Die Gelenkigkeit blieb zweifellos erhalten, wenn man sich regelmäßig betätigte. Das jedenfalls hatte sie gelesen. Aber wollte sie Sex, um gesund zu bleiben? Dann konnte sie doch auch Gemüse essen und joggen.

Der Zeiger der Uhr an der Wand schien im Affentempo die Minuten herunterzuzählen. Sie musste sich jetzt endlich entscheiden.

Schließlich fuhr sie mit einem dunklen Kajalstift um ihre Augeninnenränder herum und tuschte ihre Wimpern. Das musste reichen.

Dann schlüpfte sie in eine bequeme Jeans und ein schwarzes Shirt. So gab es nichts, was unangenehm auffiel.

Als sie beim Lokal ankam, ließ sie ihren Blick über die Tische wandern. Die Pärchen sahen so braungebrannt und zufrieden aus.

Und dann traf sie plötzlich der Schlag.

Da saß Lieselotte mit einem wesentlich jüngeren äußerst gut aussehenden Mann an einem der Tische. Sie hatte sich total aufgetakelt. So, wie ich auch fast ausgesehen hätte, dachte Eva irritiert. Und es kam noch schlimmer. Immer wieder hielten die beiden Händchen und er küsste sie hinters Ohr, am Hals und aufs Handgelenk.

Alles hätte Eva an diesem Abend erwartet. Wirklich alles. Aber nicht das Bild! Wie sollte sie das jemals wieder aus ihrem Kopf kriegen.

Nur gut, dass Stiller nicht jünger war als sie.

Dann hörte sie seine angenehme Stimme in ihrem Nacken und ihre Knie wurden weich.

»Guten Abend, Frau Sturm. Sie müssen sich keine Sorgen machen, ich habe für uns einen Tisch reserviert.«

Er griff dezent nach ihrem Arm und zog sie mit sich.

Die Kerze auf dem Tisch brannte bereits und eine Flasche Rotwein stand geöffnet neben zwei großen Kelchen an den Plätzen.

»Sie verstehen es, das Leben zu genießen«, sagte Eva und ärgerte sich, dass sie nicht doch eine weiße Bluse angezogen hatte. In dem Licht hier hätte man ihre Speckrollen nicht gesehen.

»Na ja, als Hotelmanager lege ich natürlich größten Wert auf die Zufriedenheit der Gäste. Und die fängt bereits mit einem schönen Ambiente an«, erwiderte Stiller und zog den Stuhl, auf dem sie gleich zusammensinken würde, vom Tisch ab.

Als sie beide saßen, schenkte er ihr ein. Aber nur wenig.

»Probieren Sie bitte, ob der Wein Ihrem Geschmack entspricht«, bat er und reichte ihr das Glas.

Ihre Hand zitterte leicht, als sie danach griff und es an die Lippen führte. Sie spürte, dass er sie dabei nicht aus den Augen ließ. Bolero, dachte sie und sog die rote Flüssigkeit dezent ein.

»Perfekt«, sagte sie und stellte das Glas wieder ab. Er schenkte nach und auch sich selber ein.

»Auf einen schönen Abend«, sagte er und sie stießen an.

Der Ober brachte die Karte, und während Eva versuchte, diese in den richtigen Abstand zu balancieren, damit sie überhaupt etwas lesen konnte, warf sie immer wieder einen Blick zu dem Tisch von Lieselotte, die sich noch immer abschlecken ließ.

In diesem Fall taumele ich von einer Überraschung in die nächste, dachte sie und entschied sich schließlich für vier Gänge und verzichtete auf Fleisch und nahm stattdessen Fisch und eine Käseauswahl zum Abschluss.

»Gute Wahl«, sagte Stiller und gab die Bestellung auf.

»Es freut mich, dass Sie meine Einladung angenommen haben«, sagte er und der Abend flog dann mit netten Anekdoten aus seinem Berufsleben dahin, während Eva selten etwas in ihrer Vergangenheit fand, das zum Lachen angeregt hätte. Nein, sie machte es vielmehr wie immer. Sie sagte praktisch nichts über sich und ließ hier und da nur ihre Mutter in Schweden auftauchen, die sie schon viel zu lange nicht mehr gesehen hätte.

»Schweden ist ein sehr schönes Land«, meinte Stiller. »Ich bin auch schon ein paar Mal dort gewesen. Viele wandern ja sogar aus.«

»Ja, das hat meine Mutter auch getan.«

»Dann sind Sie also dort aufgewachsen? Das hört man Ihnen aber gar nicht an.«

»So war es auch nicht ...«.

Er spürte, dass sie dichtmachte, und wechselte das Thema.

Irgendwann kümmerte man sich am Tisch von Lieselotte auch ums Essen statt um nackte Haut und Eva verlor die beiden ein wenig aus den Augen, da sie selbert beim Essen von einem Glücksgefühl zum nächsten taumelte.

Der Abend endete damit, dass Hendrik, soweit immerhin waren sie gekommen, auch wenn sie sich immer noch siezten, bis zu ihrer Wohnung brachte und sich mit einem Lächeln verabschiedete.

Eva lag noch lange wach in ihrem Bett, weil sie die Bande, die in ihrem Bauch Kapriolen flog, einfach nicht zum Schweigen bringen konnte. Schmetterlinge waren das ganz bestimmt nicht. Schon eher ausgewachsene fette Brummer. Doch es fühlte sich verdammt gut an.

Lieselotte

Lieselotte, war das Letzte, an das sie am Abend gedacht hatte. Und mit Lieselotte wachte Eva auch am nächsten Morgen auf.

Diese Frau, die die bald in den Ruhestand gehende gute Küchenfee mimte, hatte es in Wirklichkeit faustdick hinter den Ohren.

Eva war sich mittlerweile sicher, dass der junge Mann, der gestern seine Zunge nicht von ihr hatte lassen können, auch zu den Kurgästen gehörte.

Aber wie sollte sie es anstellen, die ganze Sache polizeitechnisch zu untersuchen? Es war ja nicht verboten, mit jungen Männern essen zu gehen. Sie allerdings zu entführen schon. Doch warum hätte Lieselotte Thorsten und seinen Sohn entführen sollen, wenn sie auch so genügend junge Männer an Land ziehen konnte? Das alles machte doch überhaupt keinen Sinn.

Eva griff nach ihrem Handy auf dem Nachttisch. Ole hatte sich nicht gemeldet. Aber bestimmt hatte er schon mit seinen Untersuchungen begonnen, da war sie sicher. Ob sie ihn kurz anrufen sollte? Oh ja.

»Hallo Ole«, sagte sie kurz darauf, »ich wollte mich nur mal erkundigen, ob du meine Lieferung von gestern schon erhalten hast.«

»Moin, Eva«, lachte er in den Hörer. »Und du bist sicher, dass es nur das ist und du nicht in Wirklichkeit schon das Ergebnis möchtest.«

»Du hast mich erwischt«, lachte sie zurück.

»Wobei?«

Sie sah an sich herunter. Sie lag nackt im Bett. Doch sie wollte Oles Kopfkino jetzt nicht überstrapazieren und behielt es für sich.

»Ach, natürlich hätte ich das Ergebnis lieber sofort statt gleich«, sagte sie. »Aber ich weiß ja, dass da noch nichts vorliegen kann.«

»Stimmt. Aber ich bin dabei. Ich rufe dich sofort an, versprochen.«

»Danke.«

Sie legten auf.

Als Eva geduscht und einen Kaffee getrunken hatte, ging sie vor die Tür. Dabei stolperte sie fast über ein kleines Päckchen, das sie an eine ganz unangenehme Situation in ihrer anderen Wohnung erinnerte. Da hatte ihr jemand ganz übel mitgespielt.

Reiß dich zusammen, befahl sie sich und hob das Päckchen an, das in ihrer Hand federleicht war. Sie ging in die Wohnung zurück und öffnete es.

Zum Vorschein kam eine rote Rose. Und ein kleines Briefchen. Sie öffnete das Kuvert, weil sie instinktiv ahnte, von wem es kam. Und sie hatte recht.

Danke für den wundervollen Abend, Hendrik, stand da in vollendeter Handschrift. Einige Männer wussten einfach, wie man Frauen den Kopf verdrehte.

Beflügelt ließ sie die Tür hinter sich ins Schloss fallen, nachdem sie die Rose in ein Saftglas gestellt hatte. Stilbruch. Aber sie hatte einfach keine Vase, stellte sie fest.

Dann klopfte sie an Lieselottes Tür, nachdem diese nicht auf das Klingeln reagiert hatte.

»Was ist denn los?«, fragte sie mit zersausten Locken, als sie endlich öffnete und Eva vor sich stehen sah.

»Guten Morgen«, sagte Eva trocken. »Ich müsste Sie noch einmal sprechen.«

»Ich habe heute frei, geht es vielleicht auch morgen.«

»Nein, leider nicht.«

Eva drängelte sich an Lieselotte vorbei in die Küche. Dabei nahm sie die Witterung auf und versuchte, aus der abgestandenen Luft vielleicht einen Herrenduft herauszufiltern. Doch Fehlanzeige. Hier waren sie wohl nicht gelandet. Denn es roch auch nicht nach animalischem Schweiß.

Die konsternierte Frau fuhr sich durchs Haar, als sie sich zu Eva an den Tisch setzte.

»Worum geht es denn eigentlich?«, fragte sie und versuchte, ihren ansehnlichen Busen mit dem leichten Morgenmantel im Zaum zu halten.

»Um gestern Abend«, begann Eva ohne Umschweife. »Ich habe Sie mit einem jungen Mann in einem Lokal gesehen.«

»Aha«, sagte Lieselotte. Mehr nicht. Nur »Aha«.

Jetzt war es Eva, die sich blöd vorkam.

»Na ja«, fuhr sie fort. »Es sah so aus, als würden sie beide sich ganz gut kennen.«

Lieselotte sah sie aus großen braunen Augen an. Auch wenn sie schon über sechzig war, so hatte sie doch einen gewissen Charme, dem offensichtlich gerade junge Männer nicht widerstehen konnten.

»Hören Sie, Frau Sturm«, sagte Lieselotte schließlich. »Ich denke nicht, dass es Sie auch nur das Geringste angeht, mit wem ich mich am Abend in einem Restaurant amüsiere. Ach ja, und auch, was sich in meinen vier Wänden nach Mitternacht abspielt, ist ganz alleine meine Privatsache.«

»Sie geben also zu, dass ...«. Tja, was eigentlich? Was warf sie Lieselotte eigentlich vor?

»Was gebe ich zu?«

»Okay, ich will nicht länger um den heißen Brei herumreden. Wir sind beide Frauen in gesetzterem Alter. Und sicher ist es Ihre Sache, wenn Sie sich junge Männer suchen, um mit ihnen ... das ist mir wirklich herzlich egal. Egal ist es mir aber nicht, wenn diese jungen Männer entführt werden.«

»Ach, Sie denken also, dass ich Thorsten entführt hatte. Das ist es also. Das ist ja wohl wirklich der Gipfel!«

Lieselotte stand wütend auf.

»Wenn Sie mir so kommen, dann kann ich auch anders, liebe Frau Sturm. Dann sehen wir uns von mir aus vor Gericht wieder. Aber ich lasse mir hier in meinem eigenen Haus nicht unterstellen, dass ich junge Männer und sogar noch deren kleine Söhne entführe. Und jetzt verlassen Sie augenblicklich mein Haus.«

Eva sah, dass Lieselotte sämtliche Gesichtszüge entglitten. Doch sie las kein schlechtes Gewissen darin. Sie hatte wirklich nichts mit der Entführung zu tun. Sie hatte sich einfach nur ein kleines Abenteuer gegönnt. Mehr nicht.

»Entschuldigen Sie, wenn ich zu weit gegangen bin, Lieselotte«, sagte sie reumütig. »Können Sie sich bitte wieder setzen, damit wir uns wie zwei erwachsene Frauen unterhalten können.«

»Nun ja, falls Sie wirklich dazu in der Lage sein sollten«, erwiderte Lieselotte und setzte sich widerwillig wieder hin. »Aber eigentlich weiß ich gar nicht, was wir eigentlich noch zu besprechen hätten, nachdem wir ja geklärt zu haben scheinen, dass ich ein Recht auf Privatsphäre habe. Selbst ich.«

Die letzte Bemerkung hatte Eva stutzig gemacht.

»Was meinen Sie mit selbst ich?«, fragte sie nach.

»Ach, das war nur so dahingesagt.«

»Wirklich? Es hörte sich aber eher danach an, als gäbe es noch mehr Menschen außer mir, die sich in Ihre Angelegenheiten mischen würden.«

»Das ist doch sowieso bald vorbei. Ich habe schon gekündigt und werde die Insel dann verlassen.«

»Jetzt schon. So plötzlich? Ich dachte, sie würden noch zwei Jahre bleiben.«

»Es hat sich eben anders entwickelt.«

»Und warum?«

»Auch das ist Privatsache, Eva.«

Es war das erste Mal, dass Lieselotte sie beim Vornamen nannte. Wollte sie ihr doch noch mehr anvertrauen?

»Egal, was Sie mir erzählen, Lieselotte, ich kann schweigen.«

»Ha ... glauben Sie mir Eva, das kann ich auch. Das muss ich sogar, wenn mir mein Leben lieb ist.«

»Werden Sie etwa bedroht? Lieselotte, es ist besser, wenn Sie mir jetzt alles sagen. Nur so kann ich Ihnen helfen.«

»Ach, mir kann keiner mehr helfen ...«, schluchzte Lieselotte plötzlich. »Es ist doch alles egal. Und wenn ich erst mal von der Insel weg bin, dann fange ich ein neues Leben an. Eins, das mir gefällt und dann schulde ich niemandem mehr etwas.«

Eva wurde die Sache langsam zu bunt.

»Hören Sie Lieselotte, seien Sie doch einfach ehrlich und erzählen mir alles. Dann geht es Ihnen bestimmt besser. Glauben Sie mir, manchmal fühlt man sich sehr befreit, wenn man sich alles von der Seele redet.«

»Dann ziehe ich mir aber etwas anderes an«, sagte Lieselotte jetzt und erhob sich. »Und Sie können schon mal einen starken Kaffee ansetzen, den werden Sie nämlich gleich brauchen.«

Eva suchte in den Schränken herum und fand schließlich auch Filter und setzte den Kaffee an.

Was hatte Lieselotte nur für ein Geheimnis gehütet? Was würde sie ihr gleich erzählen? Sie war so gespannt, dass sie fast überhört hätte, dass sie eine SMS bekommen hatte.

Sie zog ihr Handy aus der Tasche und las die kurze Nachricht, die Ole ihr geschrieben hatte: *Treffer. Melde mich später, Termin.*

Also habe ich recht gehabt, dachte Eva. Sollte sie jetzt hier alles stehen und liegen lassen und einfach abhauen? Doch das konnte sie nicht machen, nachdem sie Lieselotte so zugesetzt hatte. Und die anderen würden schon nicht weglaufen, sie wussten ja noch nichts von ihren neuesten Erkenntnissen.

Lieselotte kam zurück und sah gepflegt und gefasster aus.

Eva schenkte Kaffee ein. Es kam ihr vor, als würde sie mit ihrer alten Freundin zusammensitzen, als Lieselotte schließlich zu erzählen begann.

Schon, als sie vor über dreißig Jahren in der Klinik angefangen habe, da war die Klinik unter der Leitung der Bildmanns geführt worden. Da allerdings noch unter dem

Vater von Rüdiger Bildmann, der mittlerweile verstorben war.

Sie sei für Rüdiger immer so eine Art Mutterersatz gewesen, weil diese schon recht früh verstorben war.

»Rüdiger war damals vierzehn, als sie starb«, sagte Lieselotte und Eva sah sie teilnahmslos an, weil sie bis jetzt nicht verstand, was das Ganze mit dem jungen Mann von gestern Abend und Lieselottes emotionalem Ausbruch von eben zu tun haben könnte.

Doch so nach und nach öffnete ihr Lieselotte die Augen.

»Ich glaube, ich war die Erste, die bemerkt hat, was mit Rüdiger los war«, fuhr sie jetzt fort. »Während die anderen jungen Männer sich mit den Mädchen am Strand vergnügten, blieb Rüdiger lieber für sich. Er war nicht wie die anderen.«

»Sie wollen damit sagen, dass er schwul ist?«, fragte Eva.

Lieselotte nickte.

»Und wo ist das Problem?« Eva konnte auch mit dieser Eröffnung irgendwie nichts anfangen.

»Na ja, das Problem ist, dass es ihn eher zu kleineren Jungen hinzog ...«.

Und dann fiel bei Eva endlich der Groschen.

»Sie wollen sagen, dass Rüdiger Bildmann Thorsten Magolf entführt hat, um sich an seinem Sohn Bastian zu vergreifen?!«

Lieselotte nickte und erste Tränen liefen über ihr Gesicht.

»Das glaube ich jetzt einfach nicht!«, schrie Eva fast. »Und da schauen Sie seelenruhig zu, wie dieses Dreckschwein sich an kleinen Kindern vergreift?«

Sie sprang vom Stuhl auf und dieser fiel krachend zu Boden.

»Sie verstehen das nicht«, jammerte Lieselotte. »Ich kenne den Rüdiger doch schon so lange. Er war doch wie ein eigenes Kind für mich.«

»Ach! Und das entschuldigt alles? Wissen Sie, was ich denke? Das Ganze ist einfach nur zum Kotzen!«

Lieselotte weinte und Eva lief wie ein wilder Tiger in der Küche umher.

»Das war also nicht der erste Junge, habe ich recht?«, fragte Eva jetzt und stützte sich auf dem Tisch auf.

»Nein«, gab Lieselotte unter Tränen zu.

»Sie wissen, dass Sie damit zur Mittäterin geworden sind, weil Sie nichts unternommen haben.«

»Ja, das weiß ich. Und es ist mir egal, was Sie mit mir machen. Ich will doch auch, dass es endlich aufhört. Meinen Sie, mir tun die kleinen Jungen nicht leid?«

»Erwarten Sie jetzt bitte kein Mitleid von mir, Frau Renner.«

Eva nahm ihr Handy und rief die Kollegen vom Festland an. Es gäbe so einige Festnahmen, sagte sie tonlos in den Hörer. Besser sie kämen mit zwei Flugzeugen.

Eins, zwei ... drei, Eva hat sie alle

Rüdiger Bildmann saß nichtsahnend an seinem Schreibtisch, als plötzlich die Tür aufflog.

»Frau Sturm«, rief er erschrocken aus. Fast wäre ihm der Kaffee aus der Hand gefallen.

»Wir müssen uns unterhalten«, sagte Eva und sah ihn böse an. »Und es ist zwecklos, dass Sie leugnen, ich habe bereits eine Aussage von Lieselotte Renner.«

Bildmann brach in Sekundenbruchteilen in sich zusammen und flennte.

Auch das noch, dachte Eva. Mir bleibt heute auch nichts erspart.

»Gestehen Sie einfach, das kürzt die ganze Sache für uns beide ab«, sagte sie ungerührt.

Dann schilderte Rüdiger Bildmann sein Leben aus seiner Sicht. Jahrelang war er von seinem überaus strengen Vater gezüchtigt worden. Er gebrauchte genau dieses Wort. Doch er wisse natürlich, dass damit nichts zu entschuldigen wäre.

»Ich bin doch selber total verwirrt gewesen, als ich merkte, dass ich mit Mädchen nichts anfangen konnte«, jammerte er. »Sie haben ja keine Ahnung, was das für einen Spießrutenlauf bedeutet, wenn man sich nicht für nackte Brüste interessiert.«

»Sie hätten sich einfach einen Freund in Ihrem Alter suchen sollen«, sagte Eva kalt. »Weiß Ihre Frau davon? Ich meine, was Sie mit Thorsten Magolf und seinem Sohn gemacht haben? Und wieso sind Sie überhaupt verheiratet?«

Er zog ein Taschentuch aus seiner Hosentasche und schnäuzte sich.

»Nein, meine Frau weiß nichts davon. Sie denkt, ich sei normal.«

»Sie meinen in Bezug auf eine Beziehung zu einer Frau wie ihr?«

Er nickte.

»Ja, sie weiß nicht, dass ich schwul bin.«

Und ein perverses Schwein, fügte Eva in Gedanken hinzu.

»Tja, jetzt wird sie es wohl erfahren«, sagte sie nur.

»Sicher«, stimmte Bildmann zu und wirkte fast erleichtert, weil jetzt endlich alles rauskam.

»Die Kollegen vom Festland sind unterwegs und werden Sie gleich mitnehmen. Vielleicht sollten Sie vorher noch mit Ihrer Frau sprechen, damit sie nicht von anderen davon erfährt.«

»Ja, das werde ich machen. Und Sie können mir vertrauen, ich werde nicht versuchen zu fliehen.«

Ich würde dich sowieso finden, dachte Eva böse. Und du kannst von Glück sagen, wenn es nicht bei Nacht und Nebel wäre.

Wenn es um Kinder ging, dann verstand sie keinen Spaß.

Sie brachte Bildmann bis zu seiner Privatwohnung und blieb vor der Tür stehen. Kurz darauf hörte sie einen spitzen Aufschrei. Irgendwie tat ihr die Frau in diesem Moment leid. Auch ihr Leben ging zu Bruch, obwohl sie am wenigsten dafür konnte.

Als die Kollegen, die sie noch einmal angerufen und über den Stand der Dinge in der Kurklinik informiert hatte, eintrafen, sah sie dabei zu, wie man Bildmann abführte. Seine Frau stand im Türrahmen und hielt sich die Hand vor den Mund, damit man ihren Schmerz nicht hörte.

Dann ging Eva zu Annikas Zimmer und klopfte.

»Oh, Frau Sturm, Sie?«, sagte die junge Frau, als sie ihr öffnete.

»Ja ich«, erwiderte Eva. Sie kam sich vor wie John Wayne, der alle Bösewichte an einem Tag einbuchtete und hinterher seinen Colt mit einem männlichen Hauch abkühlte.

Sie wartete nicht darauf, bis Annika sie hereinbat, und drängte sich an ihr vorbei.

»Was ist denn los?«, fragte Annika, die das Gefühl hatte, das etwas anders war als sonst.

»Kommen Sie, setzen wir uns«, forderte Eva auf und nahm als Erste an dem kleinen Tisch Platz. »Wo ist Anna?«

»Sie spielt im Kinderhort«, antwortete Annika.

»Das ist vielleicht auch besser so«, meinte Eva.

»Sie machen mir Angst.«

»Oh, das könnte ich jetzt auch sagen ... lassen Sie uns über Annas Vater sprechen.«

Annika wurde leichenblass. »Annas Vater?«, fragte sie und ihr Mund zitterte.

»Ja, über Annas Vater, Mathias Schwenniger.«

»Aber wieso wollen Sie über ihn sprechen? Ich verstehe das nicht.«

Eva lehnte sich auf den Tisch und sah Annika eindringlich an.

»Es war seine Hand, die in Ihrem Bett lag. Und Sie haben sie nicht gefunden, sondern dort selber deponiert.«

Annika schluckte und Eva glaubte für einen Moment, dass sie das Gleichgewicht verlieren und vom Stuhl kippen würde.

»Ich weiß alles«, sagte Eva. »Es hat keinen Sinn mehr, dass Sie lügen. Sagen Sie einfach, was passiert ist. Gegebenenfalls kann das noch zu mildernden Umständen führen. Denken Sie auch an Ihre Tochter. Wenn Sie wegen Mordes ins Gefängnis wandern, dann weiß niemand, was aus ihr wird.«

Annika saß da wie eine Statue. Ihr Blick war leer und geradaus durch Eva hindurch gerichtet.

Sie braucht Wasser, dachte Eva und sah sich suchend um. Am Bett standen eine Flasche und ein Glas. Sie holte beides und Annika saß noch genauso da.

»Hier, trinken Sie«, forderte sie die junge Frau auf, die ihr fast schon leidtat.

Annika nahm das Glas und führte es mechanisch an ihre Lippen.

»Woher wissen Sie es?«, fragte sie, als sie das Glas wieder abstellte.

»Es war nur so ein Gefühl«, gab Eva zu. »Ich habe dann einen DNA-Abgleich von Anna und der Hand vornehmen lassen.«

Annika fing an zu lachen. Es klang unwirklich hier in dem sonst stillen Zimmer. »Deshalb wollten Sie den Kaffee und sind dann einfach abgehauen. Sie haben sich etwas von Anna mitgenommen. Ich bin so dumm ... ich bin so unendlich dumm. Und dabei ist doch alles so gut gelaufen bis hierher.«

Eva verstand nicht ganz.

»Wie meinen Sie das? Was ist gut gelaufen?«

Annika lachte jetzt nicht mehr.

»Sie wissen nicht, wie das ist, wenn plötzlich das ganze eigene Leben in sich zusammenbricht. Nichts war mehr, wie es einmal war.«

»Sie meinen, nachdem Sie Anna bekommen hatten?«

Annika nickte.

»Es war ja nicht so, dass ich etwas gegen Kinder gehabt hätte. Und ich habe Mathias auch geliebt. Das können Sie mir wirklich glauben.«

Sicher, warum sollte ich auch nicht, dachte Eva. Bisher klang alles nach dem Beginn einer glücklichen Kleinfamilie.

»Ab wann lief es dann nicht mehr gut?«, fragte sie jetzt. »Was ist passiert?«

Annika erzählte, dass der erste Riss durch ihre glückliche Beziehung ging, als sie Mathias eröffnete, dass sie ein Kind erwartete. Sie waren beide Mitte zwanzig, für sie eigentlich genau das richtige Alter für Familienplanung. Und sie liebten sich doch. Doch da war für einen Moment, vielleicht nur den Bruchteil einer Sekunde, ein dunkler Zug um seinen Mund gewesen, bevor er sie freudig in den Arm nahm. Annika hatte es genau gespürt, diese Nachricht machte ihn nicht nur glücklich.

Als die Schwangerschaft weiter fortgeschritten war und sie bereits zusammen eine Wohnung bezogen hatten, da wagte sie das erste Mal, ihn direkt nach diesem Moment zu fragen. Eigentlich war es nur so nebenbei gewesen. Sie hatten lange zusammen gefrühstückt und waren danach wieder im Bett gelandet und hatten sich geliebt. Alles schien perfekt.

Doch als sie diese eine Frage nach diesem Moment stellte, da hatte sich sein Gesicht verfinstert. Und er hatte ganz anders reagiert, als sie es in ihrer Naivität erwartet hatte.

Jetzt, da sie sich entschieden hätten, ein gemeinsames Kind zu bekommen, hatte er gesagt, da könne er ihr sicher auch die ganze Wahrheit anvertrauen, ohne dass sie falsche Schlüsse zog.

Doch genau das geschah. Als er ihr offenbarte, dass er in dem Moment, wo sie ihm gesagt hatte, dass sie schwanger war, am liebsten das Weite gesucht hätte. Er war doch noch viel zu jung für ein Kind. Und überhaupt wüssten sie doch gar nicht, ob ihre Liebe wirklich für ewig halten würde.

Wer wisse das schon, hatte sie ihm unter Tränen entgegengehalten. Und ob er denn nicht glücklich sei mit ihr.

Natürlich sei er das, versicherte er ihr. Aber sie müsse doch auch verstehen, dass sein Leben sich jetzt von Grund auf ändere. Er habe Verantwortung zu tragen, könne nicht mehr für sich selber Entscheidungen treffen, sondern müsse immer alles zuerst nach ihr ausrichten. Für einen Mann sei so etwas nun wirklich nicht leicht, gerade in seinem Alter, wo er das Leben doch in Wirklichkeit noch vor sich gehabt hätte. Und nun sei es mit einem Schlag vorbei, nur weil sie nicht aufgepasst habe.

»Er hat Ihnen die Schuld gegeben, dass Sie ein Kind erwarteten?«, fragte Eva fassungslos. Waren sie denn nicht im 21. Jahrhundert, wo Mann und Frau gemeinsam Verantwortung trugen?

»Ich weiß nicht, ob er es so gemeint hat«, sagte Annika und wischte sich die vielen Tränen aus dem Gesicht, die beim Erzählen nur so heruntergelaufen waren. »Doch es hat etwas in mir kaputtgemacht, wissen Sie. Von dem Tag an war nichts mehr, wie es gewesen war. Immer öfter habe ich gedacht, dass ich im Grunde nur noch eine Last für Mathias bin. Er hat das überhaupt nicht gemerkt. Als wir nach dem Gespräch aufgestanden waren, um noch einen Sonntagsausflug zu machen, da wäre ich am liebsten im Bett geblieben.«

Das konnte Eva nur zu gut verstehen. Sie musste sich ja wie ein Klotz am Bein gefühlt haben. Und das, obwohl sie das größte Glück der Welt, wie einige Frauen es beschrieben, erwartete, nämlich ein Kind. Es gab Frauen, die hätten genau dafür einen Mord begangen.

»Was ist dann passiert?«, fragte sie jetzt.

Und Annika schilderte einen Nachmittag, an dem es ihr nicht gut ging. Die Schwangerschaftsübelkeit dauerte bei ihr ungewöhnlich lange, bis in den fünften Monat hinein. Mathias war beruflich eingespannt, weil er, wie er sagte, jetzt sehen müsse, dass er einen besseren Posten in der Firma bekäme, damit er sie und das Kind durchbringen konnte. Da solle sie doch bitte nicht so herumzicken, wenn es abends länger wurde. Genau das hatte er gesagt. Und auch, dass es ihr ständig übel war und sie kaum noch Lust auf Sex hatte, hatte ihn genervt. Und Annika vermutete, dass er sich seine Befriedigung schon jetzt, bevor sie überhaupt verheiratet waren, woanders suchte.

Eines Abends, als er wieder einmal erst weit nach Mitternacht nach Hause gekommen war, da hatte sie in der Küche auf ihn gewartet. Den ganzen Tag hatte sie über sich, das Kind und die Rolle, die Mathias in ihrem Leben einnahm, gegrübelt. Der Arzt hatte sie für den Rest der Schwangerschaft krankgeschrieben. Und so hatte sie viel Zeit. Eigentlich viel zu viel. Und sie war alleine. Den ganzen Tag alleine mit sich und ihren Gedanken.

Sie saß in der Küche und klammerte ihre Hände um einen Becher mit Kräutertee, als er den Schlüssel in der Tür herumdrehte. Er machte nicht einmal Licht im Flur, damit sie nichts mitbekam.

Als er das Licht der Dunstabzugshaube in der Küche sah und es ausmachen wollte, da erst sah er sie am Tisch sitzen.

»Er hat gar nichts gesagt«, erzählte Annika tonlos. »Können Sie sich das vorstellen? Er hat mich nur vernichtend angesehen und ist ins Bad und dann ins Bett gegangen. Ich saß in der Küche. Mir war so kalt. Ich konnte nicht einmal mehr weinen.«

»Und was ist dann passiert?«, fragte Eva und wusste es eigentlich schon.

»Ich habe noch eine Weile in der Küche gesessen ... dann habe ich mir das große Messer aus dem Messerblock genommen und bin damit ins Schlafzimmer gegangen.«

Sie schluckte.

Eva auch.

»Und dann?«

»Nichts«, sagte Annika. »Er muss gemerkt haben, dass ich an seinem Bett stehe. Doch er hat nichts gesagt. Dann habe ich seinen Namen gesagt und er hat nach seiner Nachttischlampe gegriffen und sie angeschaltet. Da habe ich zugeschlagen. Er sollte mich so nicht sehen.«

»Sie haben ihm die Hand abgeschlagen?«

»Ja. Doch das wollte ich eigentlich gar nicht. Es ist einfach so passiert. Ich wollte doch nur nicht, dass er das Licht anmacht.«

»Aber warum haben Sie das Messer mit ins Schlafzimmer genommen?«

»Ich weiß es nicht. Es war wie ein Reflex. Sie müssen mir glauben, ich hatte nicht vor, ihm etwas anzutun. Vielleicht wollte ich mich einfach nur einmal stärker fühlen als er.«

»Tja, es wird schwierig werden, den Richter davon zu überzeugen, fürchte ich. Vielleicht kommt es Ihnen zugute, dass sie psychisch so gelitten haben. Sind Sie deswegen denn zu einem Arzt gegangen? Ich meine, bevor Sie Mathias ...«.

»Ja, ich war in ständiger Behandlung. Und mein Frauenarzt hat mich auch zu einem Therapeuten überwiesen, weil er gemerkt hat, dass ich mit der Situation überhaupt nicht klarkam.«

»Erzählen Sie mir zu Ende, was dann in der Nacht geschehen ist?«

Annika atmete tief durch.

»Das kann ich gar nicht mehr so genau sagen. Mathias ist wohl aus dem Bett gesprungen. Er stand wohl unter Schock. Er kam auf mich zu und dann habe ich das Messer wohl in seinen Bauch gestoßen. Immer wieder habe ich das Messer in seinen Bauch gestoßen.«

Eva wusste, dass die Geschichte hier noch lange nicht zu Ende war.

Und dann erzählte Annika, dass sie die Hand in die Truhe gelegt habe, denn sie hätte gehört, dass man Körperteile auch später noch wieder an den Körper annähen könnte, wenn sie gut gekühlt wurden.

»Aber Mathias war doch tot, Annika.«

»Ja, ich weiß. Doch in dem Moment, da war ich wie von Sinnen. Ich habe alles nur noch wie in Trance gemacht. Ich habe die Hand eingefroren und den Rest ... ich habe Mathias in einen Teppich eingerollt und zu seinem Wagen geschleppt. Fragen Sie mich nicht, wie ich das geschafft habe. Doch irgendwie bin ich wohl über mich hinausgewachsen. Es hört sich jetzt vielleicht dumm an, aber in dem Moment, wo ich wusste, dass Mathias tot war, erst da konnte ich mich so richtig auf das Kind freuen.«

»Wo haben Sie den Wagen mit der Leiche hingebracht?«

»Ich habe ihn in einen See gerollt. Er war dann einfach weg. Mathias war einfach weg.«

»Aber die Hand, die haben Sie in der Truhe gelassen. Warum?«

»Ich weiß es nicht. Ich glaube, ich habe sie sogar für eine ganze Weile vergessen. Ich habe getan, als hätte es Mathias nie gegeben. Ich habe saubergemacht und habe mich dann weiter auf mein Kind konzentriert.«

»Aber es muss doch jemand nach Mathias gefragt haben.«

»Natürlich. Als Erstes sein Arbeitgeber. Ich habe allen gesagt, dass Mathias einfach abgehauen ist, weil er kein Vater sein wollte. Und dann fragt kaum noch jemand nach dem Mann, der nicht zu seiner Familie steht. Im Gegenteil, sie haben sich alle rührend um mich gekümmert. Das hat mir gut getan.«

Eigentlich blieb jetzt nur noch eine Frage offen, dachte Eva.

»Und warum haben Sie ausgerechnet jetzt die Hand mit auf die Insel genommen und in ihr Bett gelegt?«

Annika zuckte mit den Schultern.

»Irgendwann musste sie doch weg. Anna war mittlerweile so groß, dass sie selber an die Truhe ging. Sie hätte sie doch irgendwann gefunden.«

»Aber Sie haben die Hand in Ihr Bett gelegt? Warum?«

Jetzt lachte Annika. »Mögen Sie Seebestattungen, Frau Sturm?«

»Seebestattungen?«

»Ja, ich wollte die Hand über Bord werfen, wenn wir auf die Insel fahren. Doch es waren so viele Menschen auf der Fähre, das ging doch gar nicht.«

Sie lachte immer weiter.

»Ich war so lange alleine, dass ich mir gar nicht mehr vorstellen konnte, dass so viele Menschen zusammen unterwegs sein können. Da konnte ich doch die Hand nicht ins Meer werfen.«

»Nein, sicher nicht.«

Eva ging davon aus, dass Annika kurz vor einem Nervenzusammenbruch stand, und rief in der Rezeption an, damit man einen Arzt schickte.

Dann reichte sie Annika ein Glas Wasser.

»Gibt es jemanden, der sich um Anna kümmern kann?«, fragte sie, als Annika sich ein wenig beruhigt hatte.

»Nein, sie hat doch nur mich.«

Dann wird sie wohl zunächst in die Obhut des Jugendamtes überstellt werden, dachte Eva. Dann kam ein Arzt mit seiner Assistentin herein.

Während man Annika versorgte und ihr eine Beruhigungsspritze verabreichte, rief Eva bei den Kollegen vom Festland an, weil es noch jemanden gab, der verhaftet werden musste.

Drei an einem Tag, dachte sie, als sie aufgelegt hatte. Und alle aus den unterschiedlichsten Gründen mit ganz eigenen tragischen Geschichten.

Sie verließ Annikas Zimmer erst, als man sie abgeführt hatte. Eine Kindergärtnerin hatte Anna in ihre Obhut genommen und würde dafür sorgen, dass man sich weiter um sie kümmerte.

Bevor sie die Tür hinter sich schloss, sah sie noch einmal in den Raum. Hier waren schon viele Menschen mit ihren ganz eigenen Schicksalen gewesen.

Die Leere

Eva war in die Dienststelle gegangen und rief bei Ole an.

»Verdammt gute Arbeit«, sagte er anerkennend. »Ich wundere mich manchmal, wie du die aussichtslosesten Fälle löst.«

»Ach, das ist eigentlich gar nicht so schwer, wenn man nur richtig zuhört.«

»Na dann. Auf jeden Fall finde ich es klasse. Sag mal, würdest du mal mit mir essen gehen?«

Eva glaubte, sich verhört zu haben. Wie konnte Ole, nachdem sie über die Hand und alles, was damit zusammenhing, gesprochen hatten, ans Essen denken, während sich ihr der Magen umdrehte.

»Eva? Bist du noch da?«

»Ja sicher bin ich noch da. Du willst mit mir essen gehen?«

»Warum denn nicht? Immer, wenn wir uns treffen, gibt es Tote. Das muss doch auch mal ohne gehen.«

»Mal sehen ... ich rufe dich an.«

»Ich verlass mich drauf. Selbst ein Gerichtsmediziner möchte auch einmal als ganz normaler Urlauber auf einer Insel unterwegs sein.«

Eva hatte sich noch nie gefragt, was Ole in seiner Freizeit trieb.

»Ich rufe dich an, Ole, versprochen.«

Dann legten sie auf.

Irgendwie musste es sich herumgesprochen haben, dass sie nicht mehr so eng mit Jürgen befreundet war, dachte sie, als sie auf ihren Schreibtisch starrte. Man konnte ja fast schon sagen, dass die Männer sich die Klinke in die Hand gaben, um mit ihr auszugehen. Und dabei wurde sie bald fünfzig. Auch so ein Thema, dass ihr Kopfzerbrechen bereitete. Fünfzig klang so alt. Dreißig hatte ihr nichts ausgemacht und mit vierzig war sie erst so richtig bei sich selber angekommen. Aber fünfzig, da hatte man doch schon den ersten Staub im Schuh. Sie musste lachen. Auf einer Insel gar nicht so abwegig.

Sie griff noch einmal zum Telefon und rief Jürgen an.

»Hast du Lust auf eine Pizza mit doppelt Käse?«, fragte sie.

»Aber immer«, kam es vom anderen Ende.

»Ich habe dir eine Menge zu erzählen.«

Sie hatten die zweite Rotweinflasche bestellt und Jürgen konnte es immer noch nicht fassen, was da alles in der kurzen Zeit geschehen war.

»Man konnte es Annika nicht ansehen«, sagte er.

»Was nicht?«

»Na, dass sie so drauf war. Einfach einem Mann die Hand abhacken, also echt.«

»So wie sie es geschildert hatte, war es aber keine Absicht.«

»Das ist ja tröstlich. Aber ich möchte nicht mit einer Frau zusammen sein, die nachts mit einem Messer an meinem Bett steht.«

Eva musste lachen.

»Das verstehe ich. Apropos, wann kommt Gunda denn mal wieder rüber?«

»Vielleicht schon am kommenden Wochenende, wenn alles gut mitläuft.«

»Das ist doch schön.«

»Ja, kann man wohl sagen. So eine Fernbeziehung, das ist nichts für mich. Abends immer alleine in der Wohnung hocken, dafür bin ich einfach zu alt.«

Eva verstand, was er meinte. Und sicher ging es Ole und Stiller genauso. Und deshalb kratzten sie jetzt an ihre Tür, weil sie abends nicht mehr alleine herumhocken wollten. Luden sie zum Essen ein oder schickten Rosen. Aber fragte auch jemand mal danach, was sie wollte?

»Eva, du bist so still geworden«, meinte Jürgen. »Ich glaub, ich bestell uns noch einen Schnaps.« Er winkte nach dem Ober.

Sie saßen noch ein Weilchen zusammen, als Eva dann plötzlich eine große Müdigkeit überkam und sie nach Hause wollte. Dass Jürgen sie bis dahin begleitete, lehnte sie dankend ab. Damit er es nicht falsch verstand, bedankte sie sich noch einmal für seine Unterstützung und er versicherte ihr, dass sie jederzeit auf seine Mithilfe bei der Ermittlungsarbeit zählen könne. Dann trennten sich ihre Wege.

Endlich Ruhe, dachte Eva, als sie ihre Wohnungstür hinter sich geschlossen hatte. Niemand, der mit ihr essen wollte. Keiner, der sie mit Wein oder Schnaps abfüllte. Wieso war sie eigentlich nicht in der Lage, auch mal nein zu sagen?

Sie ging in die Küche, ohne Licht zu machen. Eine Straßenlaterne reichte ihr im Augenblick. Sie nahm sich eine Flasche Pinot Grigio aus dem Kühlschrank und setzte sich an den Tisch, auf dem das Saftglas mit der Rose stand.

Stiller war ein netter Mann. Und am Anfang fand sie es auch okay, wenn sie sich hin und wieder in dem Café unterhielten. Doch jetzt, wo er sie zum Essen ausführte und ihr Rosen schickte, bekam die ganze Sache eine viel ernstere Note. Was würde als nächtens kommen? Lud er sie zu einem Wochenende in ein Hotel ein? Wollte er mit ihr ins Bett? Natürlich wollte er das. Warum sonst machte er sich die Mühe. Doch was wollte sie eigentlich?

Auch nach einer Stunde, die sie durch das Fenster in die Nacht gestarrt und dabei die Flasche Pinot Grigio geleert hatte, wusste sie auf diese Frage keine Antwort.

Katharina, ihre Mutter fiel ihr ein. Die hatte immer gewusst, was sie wollte. Sie war mit ihrer großen Liebe nach Schweden gegangen. Und ihre Tochter, nämlich sie, Eva, hatte sie nicht gewollt, und einfach in Deutschland zurückgelassen.

Man hat dich nie gewollt, Eva Sturm, dachte sie. Und auch, wenn es schon so viele Jahre her war, dass ihre Mutter sie im Stich gelassen hatte, so rannen jetzt Tränen über ihr Gesicht. Es war der Schmerz des kleinen Mädchens, das sie einmal gewesen war, das man im Stich gelassen hatte, der jetzt ihr Herz umklammerte.

Irgendwann war Eva ins Bad gegangen und hatte sich kaltes Wasser durchs Gesicht geschlagen. Ihr Spiegelbild war alt. Sie war kein kleines Kind mehr. Mit dem Gefühl, dass es auch wieder einen neuen Morgen mit anderen Geschichten geben würde, ging sie schließlich ins Bett.

ENDE

Zur Autorin

Moa Graven: »Ich habe erst mit fünfzig meine Leidenschaft für das subtile Verbrechen entdeckt.«

Als gebürtige Ostfriesin kam Moa Graven durch Umwege über den Journalismus selber zum Krimi-Schreiben. Das war im Jahr 2013, als sie ihren ersten Krimi »Mörderischer Kaufrausch« mit Ermittler Jochen Guntram als Fortsetzung in einem Monatsmagazin veröffentlichte. Seither hat sie viele Leichen in Ostfriesland hinterlassen. Sie arbeitet mittlerweile an drei Krimi-Reihen in Ostfriesland mit Kommissar Guntram in Leer, Jan Krömer in Aurich und Eva Sturm auf Langeoog! Seit August 2016 gibt es auch eine Friesland Krimi-Reihe mit Joachim Stein, den alle nur „Der Adler" nennen.

Besuchen Sie die Autorin hier: www.moa-graven.de

NEU: Die Ostfrieslandkrimis App von Moa Graven zum kostenlosen Download!

Die Eva Sturm Krimi-Reihe im Überblick

Verliebt ... Verlobt ... Verdächtig - *Band 01*
Justitias Schwäche - *Band 02*
Bitterer Todesengel - *Band 03*
Blaues Blut - *Band 04*
Stille Angst - *Band 05 (Overcross-Special mit den drei ostfriesischen Ermittlerteams von Moa Graven, die einen Fall auf Borkum lösen)*
Schiffbruch - *Band 06*
Auf dich wartet der Tod - *Band 07*
7 Tage Regen – *Band 08*
Wenn es Abend wird, mein Schatz ... – *Band 09*
Stirb leise ... – *Band 10*
Der letzte Tanz – *Band 11*
Und alle haben geschwiegen – *Band 12*

Alle Bücher sind als eBook und Taschenbuch erhältlich!

Die weiteren Krimi-Reihen von Moa Graven

Kommissar Guntram Krimi-Reihe
Mörderischer Kaufrausch - Band 01
Mord im Gebüsch - Band 02
Mordsgeschäfte - Band 03
Das Meer schweigt ... - Band 04
Märchenhafte Morde - Band 05
Hinter verschlossenen Türen - Band 06
Teezeit - Band 07
Wer erschoss den Weihnachtsmann? - Band 08
Hannah – Vergessene Gräber - Band 09
297 Tage - Band 10
Tod einer Prinzessin - Band 11

Profiler Jan Krömer Krimi-Reihe
KillerFEE – Band 01
Todesspiel am Großen Meer – Band 02
Kneipenkinder – Band 03
Fallensteller - Band 04
Flächenbrand – Band 05
Blindgänger – Band 06
Fremder - Band 07
Die Puppenstube - Band 08
H.E.A.T.H.E.R – *Band 09*

Der Adler – Joachim Stein Krimi-Reihe
Der Adler – LaLeLu ... und tot bist du - Band 01
Der Adler - KALT - Band 02
Der Adler - NEBEL - Band 03
Der Adler - Lebenslänglich - Band 04
Der Adler – Der Nachbar – Band05

Alle Bücher sind als Taschenbuch oder eBook erhältlich!

www.ingramcontent.com/pod-product-compliance
Lightning Source LLC
Chambersburg PA
CBHW031444040426
42444CB00007B/959